KATHARINA MAHRENHOLTZ & DAWN PARISI

Shakespeare!

Seine Werke, seine Welt

Hoffmann und Campe

1. Auflage 2014
Copyright © 2014 by
Hoffmann und Campe Verlag, Hamburg
www.hoca.de
Text: Katharina Mahrenholtz
Illustration, Gestaltung und Satz: Dawn Parisi
Gesetzt aus der Arnhem und Ludwig
Druck und Bindung: Firmengruppe APPL, aprinta druck, Wemding
Umschlag- und Einbandgestaltung: Dawn Parisi
Printed in Germany
ISBN: 978-3-455-40482-1

HOFFMANN
UND CAMPE

Ein Unternehmen der
GANSKE VERLAGSGRUPPE

Words without thoughts never to heaven go.
Worte ohne Sinn dringen nicht an Gottes Ohr.
HAMLET

'Tis better to be brief than tedious.
Besser kurz als langweilig.
RICHARD III.

Inhalt

Vorwort

Shakespeare ist das größte Phänomen und das größte Rätsel der Literaturgeschichte. Die beiden FAQ lauten: Wie konnte ein Mann ohne Universitätsbildung solche Verse schreiben, die heute noch die ganze Welt begeistern? Und hat er sie wirklich geschrieben? Letzteres wird kaum noch bezweifelt – während man die erste Frage wohl nie beantworten können wird.

Wahrscheinlich wird man noch in ferner Zukunft mit JULIA leiden, über FALSTAFF lachen, sich bei MACBETH gruseln, HAMLET zitieren. Apropos HAMLET: Wie war das noch … ein Prinz, ein Geist, eine Wahnsinnige … und dann? Wer nicht jeden Plot im Kopf hat, findet hier eine Zusammenfassung aller Stücke und der Lyrik. Mal kurz, mal sehr kurz – aber immer verständlich.

Und für die Statistik-Liebhaber gibt es dazu unseren »Inhalt in Zahlen«. Zum Beispiel bei DIE ZWEI EDLEN VETTERN:

> ▸ | 45 Sprechrollen | 2 814 Zeilen | 2 ID-Changes |
> | 1 Toter | max. Redeanteil: PALÄMON, 579 Zeilen, 21 % |

Langweilig ist es bei Shakespeare nie. In den Tragödien wird erdolcht, vergiftet und geköpft (ein Resümee dieser Action bietet die Rubrik »Tote«) – während in den Komödien ein exzessives Verkleiden als Stimmungsgarant dient (wie oft Personen der Handlung in andere Rollen schlüpfen, zeigt die Rubrik »ID-Changes«).

Chronologie

Wann genau Shakespeare seine Stücke geschrieben hat, ist nicht bekannt. Oft kennt man nur das Datum der ersten Textveröffent-

Nichts für schwache Nerven: Shakespeare und das Elisabethanische Zeitalter bieten Drama de luxe – in allen Bereichen.

lichung (meistens ein Raubdruck) und das der Zensurfreigabe. Vorher könnten sie am königlichen Hof aufgeführt worden sein – darüber gibt es nicht immer Unterlagen. Dieses Buch hält sich an die Chronologie der von **Wells** und **Taylor** herausgegebenen *OXFORD EDITION* von **Shakespeares** Werken (die auch die Quelle für die Rubrik »Inhalt in Zahlen« ist).

»To be or not to be« vs. »Sein oder nicht sein«
Nicht alle Zitate sind ins Deutsche übersetzt. Oft aus Platzgründen und manchmal einfach, weil das englische Original so viel schöner klingt.

Piraten, Politik und playhouses

Geburt Rembrandt	Entdeckung Australiens (Willem Janszoon)		Entdeckung Saturnringe	
	1606		1610	
	MACBETH 🐂		*DER ALCHEMIST* Ben Jonson	*CYMBELINE* 🐂

William Shakespeare lebt in einer spannenden Zeit. Neue Länder werden entdeckt und erobert, es gibt Verschwörungen und Kriege. Es tut sich einiges in Wissenschaft (**Galilei**), Malerei (**Rubens**), Musik (**Monteverdi**) – und in England etabliert sich das Theater als erstes Massenmedium. Wie alles miteinander zusammenhängt, zeigt die Timeline, die durchs gesamte Buch läuft.

Einordnung der Werke

😜 Komödie

👑 Historiendrama

🎭 Tragödie

🌿 Lyrik

⏺ Problemstück

🧡 Romanze

Timeline

Oben sind historische Ereignisse, sowie bedeutende Werke aus Philosophie, Kunst und Musik vermerkt, unten literarische Werke – wobei die von **Shakespeare** rot gekennzeichnet sind.

🎭 Der Widerspenstigen Zähmung
The Taming of the Shrew

Inhalt

LUCENTIO liebt BIANCA. **Problem 1:** Sie darf erst heiraten, wenn ihre ältere Schwester KATHERINE unter der Haube ist. **Problem 2:** KATHERINE ist kompliziert und trotzig – kein Mann will sie haben. **Die Lösung:** PETRUCHIO. Der sucht weniger das Glück als vielmehr eine gute Partie. Kurzerhand heiratet er KATHERINE und fängt direkt mit der Zähmung an, indem er sich noch widerspenstiger verhält als seine Frau. Schon bald frisst sie ihm aus der Hand. Inzwischen gab es jede Menge Hin und Her in Sachen LUCENTIO und BIANCA inkl. Verkleidungsspaß, bevor die beiden schließlich doch heiraten können. Bei der Hochzeit kann PETRUCHIO zur Schau stellen, wie gehorsam seine Frau ist, die daraufhin einen Monolog über die Pflichten der Ehefrauen hält (*»They are bound to serve, love and obey«*).

Smalltalk-Info

Die Rahmenhandlung wird meist weggelassen: Im Prolog gabelt ein Lord einen Betrunkenen auf und gaukelt ihm eine adlige Herkunft vor. Das eigentliche Stück wird dann diesem falschen Lord vorgespielt. Im Epilog erwacht er vor dem Pub – war alles nur ein Traum?

Und heute?

Was zu **Shakespeares** Zeit als natürliche Ordnung galt, sorgt bei emanzipierten Frauen für Schnappatmung. Aber wenn man eine gewisse Ironie reinliest, wird es ein rasantes Stück voller Wortwitz, Anzüglichkeiten und Situationskomik.

▶ | **38** Sprechrollen | **2 466** Zeilen | **6** ID-Changes | max. Redeanteil: PETRUCHIO, **615** Zeilen, **22 %** |

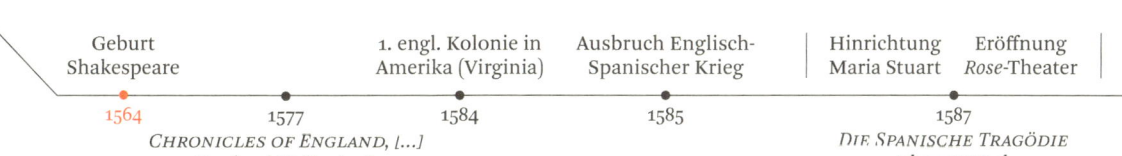

Geburt Shakespeare		1. engl. Kolonie in Amerika (Virginia)	Ausbruch Englisch-Spanischer Krieg	Hinrichtung Maria Stuart	Eröffnung *Rose*-Theater
1564	1577	1584	1585	1587	
	CHRONICLES OF ENGLAND, [...] Raphael Holinshed			*DIE SPANISCHE TRAGÖDIE* Thomas Kyd	

😄 Zwei Herren aus Verona

The Two Gentlemen of Verona

Inhalt

Es geht um Liebe, Freundschaft und Betrug: PROTEUS und VALENTIN sind zwei Freunde in Verona. Als VALENTIN nach Mailand geht, verliebt er sich in SILVIA, die Tochter des HERZOGS. PROTEUS liebt eigentlich JULIA (aus Verona), aber als er VALENTIN nach Mailand folgt, verfällt er ebenfalls SILVIA. Blind vor Liebe verrät er ihrem Vater, dass VALENTIN SILVIA entführen will. Da diese eigentlich den reichen THURIO heiraten soll, ist der HERZOG *not amused* und verbannt VALENTIN aus Mailand.

Derweil verkleidet sich JULIA als Junge und heuert bei PROTEUS als Page an, um ihm nahe zu sein (Frauen durften damals nicht allein reisen, und verkleidete Frauen waren bei Shakespeare sehr beliebt). Der merkt nichts und lässt seinen Pagen unbekümmert Liebesschwüre an SILVIA übermitteln.

VALENTIN verbündet sich mit einer Bande Gesetzloser; im Wald kommt es zum großen Finale: SILVIA wird von der Bande entführt, PROTEUS und sein »Page« kommen dazu. Gegenseitige Liebesschwüre, gegenseitige Empörung über gegenseitigen Betrug – und schließlich allgemeine Versöhnung. PROTEUS kriegt JULIA, VALENTIN kriegt SILVIA.

Zitat

(...) to make a virtue of necessity (...)
(...) um aus der Not eine Tugend zu machen (...)
Sagt einer der Verbannten, als er vorschlägt, VALENTIN zu ihrem Anführer zu machen. Eine Redewendung, die Shakespeare zwar nicht erfunden, wohl aber geprägt hat.

Smalltalk-Info

Die »Veroneser« sind für viele Forscher ein Beweis dafür, dass Shakespeare nie in Italien war. Denn er lässt VALENTIN per Boot von Verona nach Mailand reisen, obwohl keine der Städte am Meer liegt. Andere sehen genau darin den Beweis, dass Shakespeare Italien gut kannte. Denn angeblich war es damals üblich, diese Reise auf einem Boot zu unternehmen – und zwar auf Flüssen.

Und heute?

Diese Komödie ist sicher kein Highlight in Shakespeares Schaffen. Wahrscheinlich wurde sie erst Ende des 18. Jahrhunderts zum ersten Mal überhaupt aufgeführt – und nach einer Vorstellung wieder abgesetzt.

▶ | **18** Sprechrollen | **2 198** Zeilen | **1** ID-Change | max. Redeanteil: PROTEUS, **446** Zeilen, **20 %** |

| Engl. Flotte besiegt Span. Armada | König Heinrich III. v. Frankreich ermordet | *»Alle Körper fallen gleich schnell«* (Galileo Galilei) | Sir Francis Walsingham stirbt | Ausbruch Russisch-Schwedischer Krieg |

| 1588 | 1589 | | 1590 |

DER JUDE VON MALTA
Christopher Marlowe

DIE FEENKÖNIGIN
Edmund Spenser

♛ Heinrich VI. – Teil 1
The First Part of Henry the Sixth

Inhalt

Als HEINRICH V. 1422 stirbt, ist sein Sohn zu jung zum Regieren. Also streiten sich andere um die Macht, während es außenpolitisch bescheiden läuft. Die englischen Truppen in Frankreich werden zurückgedrängt, ausgerechnet eine Frau hat hier die Hand im Spiel: JEANNE D'ARC. Aber der tapfere GENERAL TALBOT erobert Orléans und Rouen zurück.

In England gehen die Machtkämpfe weiter: RICHARD PLANTAGENET (York) und der HERZOG VON SOMERSET (Lancaster) wollen auf den Thron, am Ende wird aber doch der junge HEINRICH VI. (Lancaster) gekrönt. Er versucht zu schlichten, und tatsächlich stellen SOMERSET und PLANTAGENET zusammen eine Armee gegen Frankreich auf – das Ende von JEANNE D'ARC. HEINRICH heiratet die Tochter eines französischen Herzogs.

Smalltalk-Info

Alle drei Teile von *HEINRICH VI.* und das Stück *RICHARD III.* (= York-Tetralogie) handeln vom Rosenkrieg. So nennt man den Streit, der von 1455 bis 1485 zwischen den Adelshäusern York (= weiße Rose) und Lancaster (= rote Rose) herrschte. Beide beanspruchten die Krone für sich – am Ende siegte Lancaster, und **Heinrich Tudor** (Heinrich VII.) vereinigte die rivalisierenden Häuser.

Und heute?

Obwohl der Stoff für Engländer zur Allgemeinbildung gehört, sind die *HEINRICH-VI.*-Dramen auch dort eher unpopulär: zu schwierig, zu viele Schauplätze, zu viele Leute auf der Bühne.

▶ | **65** Sprechrollen | **2678** Zeilen | **7** Tote | max. Redeanteil: TALBOT, **414** Zeilen, **15 %** |

Shakespeare-Shorts
Werke kurz und knapp

HEINRICH VI. – TEIL 2
*The First Part of the Contention of the
Two Famous Houses of York and Lancaster*

Was HEINRICH nicht weiß: Seine Frau MARGA-RET bringt statt der Mitgift einen Nebenbuhler mit – der GRAF VON SUFFOLK will durch sie den KÖNIG kontrollieren. Klappt zunächst ganz gut – aber als HEINRICHS netter Onkel, der GRAF VON GLOUCESTER, ermordet wird, fällt der Verdacht schnell auf SUFFOLK. Der KÖNIG verbannt ihn. Dann zettelt ein York-Anhänger mal wieder eine Revolte an, HEINRICH und MARGARET müssen fliehen. Die Revolte wird niedergeschlagen, stattdessen marschiert der HERZOG VON YORK auf und beansprucht die Krone – erfolgreich.

Zitat
*The first thing we do, let's kill all the lawyers!
Das Erste, was wir tun: lasst uns alle
Anwälte umbringen!*

HEINRICH VI. – TEIL 3
*The True Tragedy of Richard Duke of York
and the Good King Henry the Sixth*

YORK setzt sich auf den Thron, womit HEIN-RICH (na so was!) nicht einverstanden ist. Er bietet an, dass das Haus York nach seinem Tod die Thronfolge übernehmen kann. YORK ist zufrieden, MARGARET nicht. Sie hetzt eine Armee auf YORK; YORK und sein jüngster Sohn sterben. Aber dann wendet sich das Kriegsglück, MARGARET und HEINRICH müssen fliehen. EDWARD (= ältester Sohn von YORK) wird König. Es folgen diverse Intrigen und Bündnisse – am Ende bringt RICHARD (= jüngerer Bruder von EDWARD) HEINRICH um und überlegt, wie er selbst den Thron ergattern kann.

Man geht heute übrigens davon aus, dass Shakespeare den ersten Teil dieser Trilogie zuletzt geschrieben hat.

Fertigstellung Rialtobrücke
(Venedig)

1591–92
HEINRICH-VI.-TRILOGIE

TITUS ANDRONICUS
The Most Lamentable Tragedy
of Titus Andronicus

In seiner ersten (und schlechtesten) Tragödie schöpft Shakespeare aus dem Vollen: jede Menge Tote, abgehackte Körperteile, Verstümmelung, Vergewaltigung, Kannibalismus. Das Publikum war begeistert!

Das Blutvergießen beginnt, als der römische Feldherr TITUS nach dem Sieg über die Goten den ältesten Sohn der Gotenkönigin TAMORA zerstückeln lasst (= alter römischer Brauch). TAMORA rächt sich mit allerlei brutalen Intrigen an TITUS – zur Krönung werden ihm die Köpfe seiner Söhne überreicht. TITUS wiederum serviert TAMORA ihre Söhne als Pastete. Am Ende bringen sich alle Protagonisten im Dominoverfahren um.

RICHARD III.
The Tragedy of King Richard the Third

Der Rosenkrieg geht weiter. RICHARD VON YORK arbeitet an seinem Plan, König zu werden. Mit perfiden Intrigen erreicht er, dass sein ältester Bruder EDWARD (= König) den anderen Bruder GEORGE in den Tower sperrt. Das reicht aber nicht, also lässt RICHARD GEORGE ermorden. Der (ohnehin kranke) KÖNIG stirbt vor Gram – RICHARD hat freie Bahn. Alle Feinde richtet er hin, die Kinder von EDWARD lässt er als illegitim erklären (und später töten) – schließlich hat er es geschafft und wird König. Doch bald formieren sich seine Gegner. HEINRICH TUDOR zieht gegen RICHARD in die Schlacht. Der verliert erst sein Pferd und dann sein Leben. HEINRICH gewinnt und wird König von England, der Rosenkrieg ist zu Ende, und das Haus Tudor übernimmt die Geschäfte für die nächsten hundert Jahre.

Zitat
A horse! A horse! My Kingdom for a horse!
Ein Pferd! Ein Pferd! Mein Königreich für ein Pferd!

Shakespeare stellt RICHARD als echtes Monster dar – die Wirklichkeit sah vermutlich etwas anders aus. Aber je schlechter RICHARD rüberkommt, desto besser steht Heinrich VII. dar, also die Tudors, also Elisabeth I.

Autor Robert Greene stirbt 1. englischer Globus (Emery Molyneux)

VENUS UND ADONIS
Venus and Adonis

Gedichte schrieb **Shakespeare** immer, wenn die Theater wegen einer Pestepidemie schließen mussten. Ohne Not hätte **Shakespeare** nicht auf sein gesichertes Einkommen als Stückeschreiber verzichtet – mit Buchveröffentlichungen konnten die Autoren nämlich nicht viel verdienen. *VENUS UND ADONIS* war ein großer Erfolg; allein bis 1640 ist das Gedicht in siebzehn verschiedenen Ausgaben erschienen. Aber weil das Urheberrecht damals anders geregelt war, haben die Herausgeber den ganzen Gewinn eingesteckt.

VENUS UND ADONIS war erstens wahnsinnig populär und zweitens ziemlich explizit erotisch – allerdings auf literarischem Niveau: VENUS (= Göttin der Liebe) verliebt sich in ADONIS (= normaler Mensch), er allerdings sich nicht in sie. Gegen ihren Willen geht er auf die Jagd und wird von einem Eber getötet. Untröstlich, spricht VENUS einen Fluch über alle Liebenden aus. ADONIS' Leiche wird zu einer wunderschönen Blume – VENUS pflückt sie und klagt weiter.

Das Gedicht hat mehr als 1 000 Zeilen und jede Menge sexuelle Anspielungen *(»Sei du mein Hirsch, der Park soll dir gehören«)* – **Shakespeare** versprach sicherheitshalber, ein bedeutenderes Werk nachzureichen.

LUCRETIA
The Rape of Lucrece

Nach dem erotischen hier nun das versprochene bedeutendere Werk: Das Gedicht spielt im alten Rom. Während die Männer im Krieg sind, lassen es die Frauen hoch hergehen. Nur LUCRETIA betrügt ihren geliebten Mann COLLATINUS nicht. Das wollen wir doch mal sehen, denkt sich TARQUINUS und versucht LUCRETIA zu verführen. Als das nicht klappt, vergewaltigt er sie. LUCRETIA ist untröstlich. Sie erzählt ihrem Mann, was passiert ist, lässt ihn Rache schwören und bringt sich anschließend um, weil sie sich und ihren Mann entehrt hat.

Die Pest bricht aus (London)	Beginn Langer Türkenkrieg	Erfindung Thermometer	Katholiken werden gesetzlich verfolgt	Heinrich IV. v. Frankreich konvertiert zum Katholizismus

1592 / 93
VENUS UND ADONIS

1593
DOKTOR FAUSTUS
Christopher Marlowe

KOMÖDIE DER IRRUNGEN
The Comedy of Errors

Shakespeares erste Komödie und sein kürzestes Stück hat ein bisschen was von Ohnsorg-Theater: zwei Zwillingspärchen, jede Menge Verwechselungen, viel Slapstick. Das Ganze spielt in Ephesus (heute Türkei): Ein Kaufmann bekommt Zwillinge, er nennt sie beide (!) ANTIPHOLUS und kauft ihnen Sklaven-Zwillinge, die beide (!) DROMIO heißen. Das Schicksal reißt die Familie auseinander: Mutter, ein Sohn, ein Diener gehen nach Ephesus – Vater, anderer Sohn, anderer Diener nach Syrakus. Irgendwann treffen sie sich zufällig, jeder wird mit jedem verwechselt, Verwirrungen und Irrungen – am Ende sind alle wieder vereint und glücklich.

VERLORENE LIEBESMÜH
Love's Labour's Lost

FERDINAND, König von Navarra, und seine drei Freunde wollen sich drei Jahre lang nur auf ihr Studium konzentrieren. Ablenkung verboten, Frauen dürfen das Schloss nicht betreten. Da kommt die PRINZESSIN VON FRANKREICH zu Besuch, im Schlepptau drei Hofdamen (4 + 4, aha!). Seinem Eid treu bleibend, trifft sich der KÖNIG mit ihr auf dem Feld – verliebt sich sofort, ebenso wie seine Freunde in die Hofdamen. Gedichte werden geschrieben, versteckt und vertauscht. Schließlich verkleiden sich die vier Herren, um die Damen unter Umgehung des Eides aufzusuchen, die Damen sind aber selbst maskiert, fröhliches Hin und Her – und ein abruptes Ende: Der König von Frankreich stirbt, die PRINZESSIN + Hofdamen müssen abreisen. Nach dem Trauerjahr wollen sie wiederkommen, Heirat nicht ausgeschlossen.

Zitat
Beauty is bought by judgement of the Eye.
Schönheit liegt im Auge des Betrachters.

Möglicherweise gab es einen zweiten Teil *(LOVE'S LABOUR'S WON)*, der verloren gegangen ist – denn das eher betrübliche Ende ist äußerst untypisch für eine Shakespear'sche Komödie.

| Christopher Marlowe stirbt | Shakespeare wird Teilhaber der *Lord Chamberlain's Men* | Ausbruch Neunjähriger Krieg (Irland vs. England) | |

1593/94
LUCRETIA

1594
KOMÖDIE DER IRRUNGEN

1594/95
VERLORENE LIEBESMÜH

Alles Drama
Tragödie, Komödie und mehr

Shakespeare selbst hat seine Stücke nur nach Tragödien, Historien und Komödien unterschieden. Das reicht vielen Forschern heutzutage nicht.

♛ HISTORIEN

Eine Sonderform des Elisabethanischen Theaters. Zu dieser Zeit waren die Engländer sehr patriotisch (Krieg gegen Spanien gewonnen, erste Kolonie in Nordamerika, Erfolge in der Wissenschaft) und interessierten sich für die eigene Geschichte.

Für seine historischen Stücke (auch »Königsdramen« genannt) nutzte **Shakespeare** vor allem eine Quelle: THE CHRONICLES OF ENGLAND, SCOTLAND AND IRELAND von **Raphael Holinshed**. Die daraus resultierenden Stücke sollte man allerdings nicht für den Geschichtsunterricht nutzen: **Shakespeare** wollte seinen Zuschauern etwas bieten, also hat er komprimiert, verändert, dramatisiert.

Achtung: Auch wenn es in KÖNIG LEAR und MACBETH ebenfalls um britische Könige geht, zählen diese Stücke zu den Tragödien – weil sie nicht (nur) auf historischen Fakten beruhen.*

🎭 TRAGÖDIEN

Zimperlich war man damals nicht. Mord, Totschlag und andere blutige Plots waren gern gesehen, ebenso wie Gruselszenen mit Hexen oder Geistern von Verstorbenen. Allerdings hat **Shakespeare** auch in seinen Tragödien dafür gesorgt, dass die Zuschauer etwas zu lachen haben – zum Beispiel mit den streitenden Totengräbern in HAMLET.

JULIUS CÄSAR, ANTONIUS UND KLEOPATRA und CORIOLANUS werden oft noch extra als »Römerdramen« definiert.

😀 KOMÖDIEN

Fast alle Komödien von **Shakespeare** haben ein Happy End (einzige Ausnahme: *VERLORENE LIEBESMÜH*) – und außerdem viel Musik: Insgesamt gibt es mehr als hundert Songs in seinen Theaterstücken.

Sein Lieblingselement in den Komödien sind Verkleidungstricks, »Identity Changes« – jemand schlüpft in die Rolle eines anderen. Und der absolute Stimmungsgarant bei den Elisabethanern war das »Cross-Dressing«, also Frauen, die sich als Männer verkleiden. Dazu muss man wissen, dass Frauenrollen damals grundsätzlich von sogenannten »Boy Actors« gespielt wurden. Man hatte also einen Jungen, der eine Frau spielt, die sich als Mann verkleidet …

❤️ ROMANZEN

Für die nichttragischen Stücke der letzten Jahre hat sich der Begriff »Romanze« durchgesetzt. Die Zutaten: Liebespaar(e), phantastische / magische Elemente, tiefe Gefühle. Die Romanzen haben zwar ein Happy End, aber der Mittelteil ist oft tragisch.

❗ PROBLEMSTÜCKE

Mit *TROILUS UND CRESSIDA*, *ENDE GUT, ALLES GUT* und *MASS FÜR MASS* schlagen sich die Experten bis heute herum, weil sie nirgendwo richtig reinpassen. Zu wenig komisch, um als Komödie zu gelten, aber auch nicht richtig tragisch.

Cross-Dressing in
WAS IHR WOLLT

Boy Actor …

… spielt VIOLA …

… die per Identity-Change zu CESARIO wird.

* In *MACBETH* wird die Geschichte des Schottenkönigs (1005–1057) mit reichlich Fiktion vermischt; die Figur des LEAR beruht auf dem Legenden-König Leir.

🎭 Romeo und Julia
The Most Excellent and Lamentable Tragedy of Romeo and Juliet

Inhalt

Verona, ein Maskenball. ROMEO MONTAGUE sieht die 13-jährige JULIA CAPULET, beide sind schockverliebt und haben fortan ein Problem: Ihre Familien sind bis aufs Blut verfeindet, Heirat-Kinder-Happy End ausgeschlossen. Das weiß der Zuschauer (denn **Shakespeare** hat es im Prolog verraten), aber für die Liebenden gilt: Die Hoffnung stirbt zuletzt. Sie planen eine heimliche Hochzeit. Vorher allerdings tötet JULIAS Cousin TYBALT ROMEOS besten Freund MERCUTIO, woraufhin ROMEO wutentbrannt TYBALT ersticht. ROMEO wird aus der Stadt verbannt, aber vorher findet die – jetzt noch heimlichere – Hochzeit statt (inkl. Ehe-Vollzug!).

Als ROMEO Verona verlassen muss, will sich JULIA vor Verzweiflung umbringen. Aber halt! Besserer Plan, und zwar: Sie nimmt einen Schlaftrunk, der sie nur tot erscheinen lässt. Ersteht dann wieder »von den Toten« auf und kann mit ROMEO durchbrennen. Aber weil ROMEO von dem Plan nichts erfährt, geht er gründlich schief: Als ROMEO JULIA schlafend sieht, denkt er, sie sei wirklich tot, nimmt Gift, stirbt. JULIA wacht auf, sieht den toten ROMEO und ersticht sich. Immerhin: Angesichts dieser Dramatik versöhnen sich die Familien CAPULET und MONTAGUE.

Zitat

It was the nightingale, and not the lark, (…)
Es war die Nachtigall und nicht die Lerche, (…)
Sagt JULIA, um ROMEO nach der Hochzeitsnacht zu halten (Nachtigall = Vogel, der in der Nacht singt; Lerche = Vogel, der den Tag verkündet).

Smalltalk-Info

Das angebliche Elternhaus von JULIA in Verona ist heute eine Pilgerstätte für Verliebte. Aber Achtung: alles Lug und Trug. Das Haus in der Via Capello 23 hat die Stadt 1905 extra gekauft, um den Touristen etwas zu bieten. Der Balkon wurde nachträglich angebaut!

Und heute?

Die berühmteste Liebestragödie aller Zeiten! Immer noch! Zigmal verfilmt, es gibt ein Ballett von **Prokofjew** (auch berühmt), das Musical *WEST SIDE STORY* von **Leonard Bernstein** (auch berühmt) und die Chance auf zahlreiche Neu-Interpretationen: Das Motiv *Verfeindete Familien sorgen für Tragik* funktioniert in allen gesellschaftlichen Zusammenhängen.

▶ | **33** Sprechrollen | **2 998** Zeilen | **6** Tote | max. Redeanteil: ROMEO, **617** Zeilen, **21 %** |

Eröffnung | Geburt | *Bacchus* | Thomas Kyd | *The Theatre* | Spanien greift
Swan-Theater | Pocahontas | (Caravaggio) | stirbt | wird abgebaut | Cornwall an

Mitbürger, Freunde, Elisabethaner
Shakespeares ZeitgenossInnen

*Eine charismatische Königin, Weltreisende, Wissenschaftler –
und mittendrin Dramatiker. Shakespeare lebte in aufregenden
Zeiten, die ganze Welt war im Umbruch.*

1 ELISABETH I. VON ENGLAND | KÖNIGIN | ALIAS: VIRGIN QUEEN, GLORIANA | 1533–1603 |
Tochter von **Heinrich VIII.** und **Anne Boleyn**. Protestantin, kulturell interessiert, sprach sechs Sprachen und war großer **Shakespeare**-Fan. Sie prägte ein ganzes Zeitalter. Elisabeth I. wurde 69 Jahre, blieb aber mann- und kinderlos.

2 SIR FRANCIS DRAKE | FREIBEUTER, ENTDECKER | 1540–96 |
Pirat für die Königin, erster Weltumsegler nach Magellan, Bezwinger der Spanischen Armada und absoluter Seeheld.

3 SIR FRANCIS WALSINGHAM | ALIAS: SPYMASTER | 1532–90 |
Gründer des englischen Geheimdienstes, Chefspion der Königin. Er vereitelte diverse Attentate auf Elisabeth I.

4 CHRISTOPHER MARLOWE | AUTOR | ALIAS: KIT | 1564–93 |
Marlowe hat wichtige Dramen geschrieben (z. B. *DER JUDE VON MALTA*), war als Atheist aber der Regierung ein Dorn im Auge. Vermutlich wurde er vom Geheimdienst ermordet.

5 THOMAS KYD | AUTOR | 1558–94 |
Kyd lebte in einer WG mit **Marlowe**, wurde auch des Atheismus beschuldigt und im Gefängnis gefoltert. Kyd hat nur wenige, aber wichtige Werke geschrieben (u. a. *DIE SPANISCHE KOMÖDIE* und eine Art »*UR-HAMLET*«, der aber nicht überliefert ist).

6 BEN JONSON | AUTOR | 1572–1637 |
Shakespeares direkter Konkurrent. Er war zwar von seinem eigenen Können überzeugt und hat gern mal über **Shakespeare** gelästert, aber von ihm stammt auch der berühmte Spruch: »*He was not of an age but for all time*«.

Sir Francis D.
*... nicht zu
verwechseln mit ...*
Sir Francis W.

Jakob VI. von Schottland
... wurde später ...
Jakob I. von England

7 GALILEO GALILEI | NATURWISSEN-SCHAFTLER | 1564–1642 |

Galilei wurde im selben Jahr wie Shakespeare geboren und war einer der Naturwissenschaftler, die das kopernikanische Weltbild unter-mauerten.

Die neuen astronomischen Theorien setzten sich nur sehr langsam durch. Shakespeare kann-te sie vermutlich, in seinen Stücken findet man aber eher Bezüge auf ein Weltbild, in dem die Erde das Zentrum des Universums bildet.

8 JAKOB I. VON ENGLAND | KÖNIG | VORHER JAKOB VI. VON SCHOTTLAND | 1566–1625 |

Der Sohn von **Maria Stuart** (1587 von **Elisabeth I.** zum Tode verurteilt), wurde schon als Baby zum schottischen König Jakob VI. ernannt. Nach Elisabeths Tod (Ende der Tudors) wurde er dann auch zum König von England und Irland gekrönt (Beginn der Stuarts). Er hat den Union Jack als Flagge eingeführt und eine Neu-Übersetzung der Bibel in Auftrag gegeben (King-James-Bibel).

9 GUY (GUIDO) FAWKES | ATTENTÄTER | 1570–1606 |

Der katholische Fanatiker wollte das Parlament und den protestantischen König mit zwei Tonnen Schwarzpulver in die Luft jagen (»Gunpowder Plot«). Am 5. November 1605 flog das Komplott auf; Guy Fawkes und seine Mitverschwörer wurden hingerichtet.*

* »*Remember, remember, the Fifth of November*«: In Großbritannien wird noch heute am 5. November die Vereitelung des Attentats gefeiert (»Bonfire Night«) – mit Feuerwerk und der Verbrennung einer Guy-Fawkes-Puppe. **Fawkes**-Masken sind heutzutage das Symbol von Anonymous-Aktivisten und der Occupy-Bewegung.

😄 Ein Sommernachtstraum

A Midsummer Night's Dream

Inhalt

In Athen treffen drei Pärchen aufeinander: THE-SEUS & HIPPOLYTA = wollen heiraten. HERMIA & LYSANDER = Liebespaar. HELENA & DEMETRIUS = verlobt. DEMETRIUS allerdings will dann doch lieber HERMIA heiraten, was auch deren Vater befürwortet. Schlecht für LYSANDER und HERMIA – sie fliehen in einen Wald.

Dort befinden sich außerdem: 1. eine Gruppe von Handwerkern, die ein Stück für die Hochzeit von THESEUS und HIPPOLYTA einstudieren, und 2. eine ganze Menge Elfen. Elfenkönig OBE-RON will seine Frau TITANIA ärgern und lässt Hofnarr PUCK einen Zaubertrank besorgen. Damit wird sich TITANIA in die Kreatur verlieben, die sie nach dem Aufwachen zuerst sieht. Dann sieht OBERON, wie DEMETRIUS durch den Wald irrt, auf der Suche nach HERMIA, gefolgt von der gepeinigten HELENA. Ha! PUCK soll den Liebessaft nun DEMETRIUS verpassen; leider verwechselt der Elf ihn mit LYSANDER, der sich daraufhin in HELENA verliebt.

Als PUCK die probenden Handwerker sieht, zaubert er dem Hauptdarsteller ZETTEL einen Eselskopf – prompt verliebt sich TITANIA trank-sei-Dank in den Eselmann. OBERON lacht sich schlapp, erlöst TITANIA aber bald wieder von

dem Bann. PUCK entzaubert ZETTEL und entwirrt das restliche Liebeschaos. Die richtigen Pärchen finden sich und feiern Hochzeit mit THESEUS und HIPPOLYTA.

Zitat

Well roared, lion!
Gut gebrüllt, Löwe!
Das Stück, das die Handwerker bei der Hochzeit aufführen, handelt von dem babylonischen Liebespaar THISBE und PYRAMUS. Die Vorstellung wird begleitet von den etwas albernen Kommentaren der Zuschauer: Ein Löwe erschreckt THISBE (DEMETRIUS: »*Gut gebrüllt, Löwe!*«), sie flieht (THESEUS: »*Gut gelaufen, Thisbe!*«) – das Ganze findet bei Mondschein statt (HIPPOLYTA: »*Gut geschienen, Mond!*«).

Smalltalk-Info

Das Stück ist eher kurz, beinhaltet viel Tanz und Gesang und hat eine Hochzeit als Thema. Man nimmt an, dass **Shakespeare** das Stück für die Hochzeit einer Patentochter von **Elisabeth I.** geschrieben und es auch nur am Hof aufgeführt hat.

▶ | **24** Sprechrollen | **2 185** Zeilen | **2** ID-Changes | max. Rede.: NIKLAUS ZETTEL, **255** Zeilen, **12 %** |

Sir Walter Raleigh entdeckt Guayana	Einführung des Wortes *Trigonometrie*	Letzte Expedition Sir Francis Drake

»Lord, what fools

these mortals be!«

»Wie die Menschen

närrisch sind!«

Niklaus Zettel: Der Weber, der den Pyramus in dem Hochzeits-Theaterstück* spielt, heißt bei **Shakespeare** Nick Bottom – ein Beispiel für die oft kuriose Namenswahl des Autors. »Bottom« heißt »Boden«, aber auch »Hintern«, manche vermuten hier sogar sexuelle Anspielungen ... »Zettel« hingegen ist in der Weberei einfach ein anderes Wort für Kettfaden.

Zettel's Traum ist übrigens der Titel eines (sehr anstrengenden) Werks von **Arno Schmidt** – eine Sammlung von Zetteln (!), die wie ein Teppich verwoben (!) werden.

Fabelwesen: Reichlich Elfen tummeln sich in diesem Stück, entsprechend viel Magie gibt es. Vor allem Chef-Elf Puck und sein König Oberon verzaubern und entzaubern ständig irgendjemanden.

»PLING!«, müsste es eigentlich dauernd machen, aber die Special Effects liefert allein der Text. **Shakespeare** lässt die Elfen beschreiben, wie sie Tautropfen suchen, um sie Primeln als Perlen ans Ohr zu hängen. Er lässt Oberon von einer Sirene auf einem Delphin erzählen, die so schön sang, dass *»die empörte See gehorsam ward, dass Sterne wild aus ihren Kreisen fuhren, der Nymphe Lied zu hören«*.

---

* Die ganze Geschichte geht übrigens so: Pyramus und Thisbe lieben sich, aber ihre Familien sind verfeindet. Sie vereinbaren ein Treffen im Wald, Thisbe flieht vor einem Löwen, Pyramus findet ihren zerfetzten Schleier und denkt, der Löwe habe sie getötet. Er ersticht sich, Thisbe findet ihn und ersticht sich ebenfalls. Klingt bekannt? Die Sage kennt **Shakespeare** aus Ovids *Metamorphosen* – und sie hat ihn sehr inspiriert ...

What the Folio?!
Die erste Gesamtausgabe, 1623

Das FIRST FOLIO ist eines der wichtigsten Bücher der Welt: Es enthält fast alle Stücke Shakespeares, auch die, die vorher nie (wie MACBETH) oder nur in mangelhafter Qualität (wie HAMLET) veröffentlicht worden waren.

QUELLEN FÜR DAS FIRST FOLIO
Shakespeare schreibt *FOUL COPY* = Rohtext mit reingekritzelten Korrekturen etc.

Davon wird eine *FAIR COPY* = Reinschrift angefertigt – als Basis für das ...

... *PROMPTBOOK* = Regiebuch, das alle Regieanweisungen enthält, die die Schauspieler für die Aufführung brauchen.

Hinzu kommen die *QUARTO-AUSGABEN* = inoffizielle Raubdrucke (die die Drucker an Konkurrenz-Theater verkauft haben).*

Das *FIRST FOLIO* ist also etwas völlig anderes als etwa eine Erstausgabe von **Goethes** *FAUST*, aber es kommt einem Original-**Shakespeare** am nächsten.

FOLIO? QUARTO?
Die Namen bezeichnen das jeweilige Papierformat: Für Folios wurde ein Bogen in zwei Hälften geteilt (ein Folio war etwas größer als DIN A4). Für die Quartos wurde ein Bogen Papier in vier Teile geteilt. Quartos waren also kleinere (etwa DIN A5) und billigere Bücher.

---

* 18 Stücke aus dem *FIRST FOLIO* waren vorher schon als einzelne *QUARTO-AUSGABEN* im Umlauf. Der Text wurde aus dem Gedächtnis aufgeschrieben – das Ergebnis hatte mit **Shakespeare** recht wenig zu tun. Die *HAMLET-QUARTO-AUSGABE* z. B. war so schlecht, dass die **Lord Chamberlain's Men** eine offizielle Version in Auftrag gaben.

1. Auflage: 750 Stück

1 Pfund**

Herausgeber Henry & John

950 Seiten (gebunden)

(ungebunden = billiger)

Inhalt:
36
Shakespeare-Dramen

Es fehlen:
EDWARD III.,
PERIKLES,
DIE ZWEI EDLEN
VETTERN *sowie die*
verlorenen Stücke:
LOVE'S LABOUR'S WON
und CARDENIO.

WIESO SO SPÄT?

Erst 1623 – sieben Jahre nach **Shakespeares** Tod – wurde das *FIRST FOLIO* gedruckt, herausgegeben von seinen Schauspielerkollegen **John Heminges** und **Henry Condell.**

Tatsächlich ist es fast ein Wunder, dass dieses Buch überhaupt gedruckt wurde: Theaterstücke galten damals nicht als Literatur, sondern als Arbeitsmaterial für Schauspieler. Der Autor hatte sein Stück an das Theater verkauft – und überhaupt kein Interesse an einer Veröffentlichung. Die Gefahr, dass andere Schauspielgruppen den Text für ihr Programm nutzten, war viel zu groß.

Außerdem hätte weder der Autor noch das Theater mit dem Buch Geld verdient, denn es gab kein Copyright. Der Drucker, der das Manuskript gekauft hatte, bekam auch alle Einnahmen.

Und im Übrigen konnten 86 % der Menschen damals gar nicht lesen …

** Entspricht etwa 100 Britischen Pfund heutzutage – das Buch war also damals schon nicht billig. Heute existieren nur noch 229 Exemplare, und der Preis ist deutlich gestiegen. 2003 wurde ein *FIRST FOLIO* für 3,5 Millionen Pfund bei Christie's versteigert.

Shakespeare-Shorts
Werke kurz und knapp

RICHARD II.
*The Tragedy of
King Richard the Second*

Wegen schlechten Benehmens verbannt KÖNIG RICHARD II. (= Enkel von EDWARD III.) seinen Cousin HENRY BOLINGBROKE aus England. Als BOLINGBROKES Vater stirbt, reißt sich RICHARD dessen Land unter den Nagel. So nicht, denkt HENRY und steht flugs mit seiner Armee auf der Matte. Da RICHARD wenig Fans im eigenen Land hat, scheint ein Kampf aussichtslos. Also übergibt er Land, Titel und die Krone. Aus HENRY BOLINGBROKE wird (Überraschung!) KÖNIG HEINRICH IV. ... Im 5. Akt geht es noch mal hoch her: Verschwörung, Intrige, Verrat – aber HEINRICH bleibt König, RICHARD wird umgebracht (HEINRICH will es nicht gewesen sein).

KÖNIG JOHANN
The Life and Death of King John

Dieses – eher unpopuläre – Stück spielt um 1200, also deutlich vor den anderen Historiendramen: JOHANN (= König von England) streitet mit PHILIP (= König von Frankreich) um Ländereien. Die Lösung: PHILIPS Sohn LOUIS heiratet eine Nichte JOHANNS. Störfaktor ist JOHANNS Neffe ARTHUR, der auch gern König wäre. Er verbündet sich mit PHILIP und LOUIS, es gibt Krieg, JOHANN schnappt sich ARTHUR und wirft ihn ins Gefängnis. Als die Franzosen in England landen, wird es eng für JOHANN. Nur mit Glück gewinnen die Engländer.

Aber JOHANN wird noch schnell vergiftet, sein Sohn wird der neue König (HEINRICH III.).

EDWARD III.
*The Reign of
King Edward the Third*

Zuerst eine kleine Liebesverirrung: Der (verheiratete) EDWARD umwirbt die (verheiratete) GRÄFIN VON SALISBURY, sie weist ihn ab, er will es nicht einsehen, sie überzeugt ihn. Dann mal wieder Krieg in Frankreich: EDWARD und sein Sohn (der »schwarze Prinz«) ziehen in die Schlacht. Der PRINZ nimmt den französischen KÖNIG und dessen Sohn gefangen, KÖNIG EDWARD nimmt derweil Calais ein – und alle kehren nach England zurück.

EDWARD III. wurde erst sehr spät als Shakespeare-Stück anerkannt. Den Beweis lieferte 2009 eine Plagiatssoftware; dabei wurden deutliche Ähnlichkeiten zu anderen Shakespeare-Werken gefunden. Aber nicht alle Forscher sind überzeugt: Das Stück sei einfach zu schlecht.

Geburt
René Descartes

Erfindung Wasserklosett
(von Patenkind Elisabeth I.)

Sir Francis Drake
stirbt auf See

Entdeckung Spitzbergen
(Willem Barent)

1595
RICHARD II.

1596
KÖNIG JOHANN   EDWARD III.

🎭 Der Kaufmann von Venedig
The Comical History of the Merchant of Venice, or Otherwise Called the Jew of Venice

Inhalt

BASSANIO will um die reiche Erbin PORTIA werben, ist aber pleite. ANTONIO (= der Kaufmann von Venedig) nimmt für seinen Freund einen Kredit bei dem jüdischen Geldverleiher SHYLOCK auf. Der hasst ANTONIO, weil der ihn oft beleidigt hat. Er gibt ihm zwar das Geld, verlangt aber als Sicherheit ein Pfund von ANTONIOS Fleisch.

Unterdessen: Bei der Brautwerbung werden jedem Freier drei Kästchen präsentiert – aus Gold, Silber und Blei. Wer das richtige wählt, bekommt PORTIA zur Frau. BASSANIO nimmt das bleierne Kästchen – bingo! Noch am selben Abend wird geheiratet. Weniger gut läuft es für ANTONIO. Er kann den Kredit nicht zurückzahlen, SHYLOCK wetzt schon die Messer. PORTIA verkleidet sich als Anwalt und entscheidet, dass SHYLOCK das Pfund Fleisch zusteht, er muss es aber rausschneiden, ohne Blut zu vergießen. Haha. Am Ende steht SHYLOCK ohne alles da, während ANTONIO und BASSANIO triumphieren.

Zitat

All that glisters is not gold.
Es ist nicht alles Gold, was glänzt.
Steht auf einer Schriftrolle im goldenen Kästchen. Der erste Bewerber um PORTIAS Hand hat sich blenden lassen und die falsche Wahl getroffen …

Smalltalk-Info

Einige Forscher sind überzeugt, dass es sich bei dem *»Pfund Fleisch«* (*»a pound of flesh«*) um – ähem – ANTONIOS Geschlechtsteil handelt. Denn zu **Shakespeares** Zeiten wurde *»flesh«* auch als Euphemismus für Penis benutzt (vor allem in der Bibel …). Das Ganze könnte ein billiger Witz sein oder eine hochkomplexe Anspielung auf Beschneidungsrituale – wer weiß das schon. Es bliebe auch noch die Frage, woher **Shakespeare** wusste, wie schwer ein Penis ist …

Und heute?

Das Stück strotzt vor Antisemitismus, was die Elisabethaner sehr gefreut hat, heute aber für Probleme sorgt. Deshalb wird jetzt so inszeniert, dass die Christen die Bösen sind, SHYLOCK das Opfer und das Ganze als eine Mahnung rüberkommt.

▶ | 24 Sprechrollen | 2 587 Zeilen | 5 ID-Changes | max. Redeanteil: PORTIA, 574 Zeilen, 22 % |

Elisabeth I. fordert die
Ausweisung Schwarzer

♛ Heinrich IV. – Teil 1 und 2
The History of Henry the Fourth und *The Second Part of Henry the Fourth*

Inhalt

Teil 1: HEINRICH IV. hat Stress an allen Fronten. Während Schotten und Waliser rebellieren, vergnügt sich der missratene Sohn HAL in Londons Spelunken. Immer dabei: Lebemann FALSTAFF. Ach, wenn HAL doch eher wie der tapfere HOTSPUR (= Heißsporn) wäre, der England gegen die Schotten verteidigt! Der KÖNIG nimmt sich seinen Sohn zur Brust, der gelobt Besserung und bekommt bald eine Chance, seine Loyalität zu beweisen. Denn der ach-so-edle HOTSPUR rottet sich mit den Rebellen zusammen! In der Schlacht von Shrewsbury wird er von HAL getötet. FALSTAFF findet die Leiche und gibt sich frech als Kriegsheld aus.

Teil 2: Der Bürgerkrieg geht weiter. Die Rebellen stellen eine Armee auf – neue Sorgen für HEINRICH IV., zumal sein Sohn HAL sich wieder dem billigen Amüsement hingibt. Sein jüngerer Bruder JOHN schafft es indessen, mit einem Trick den Frieden im Land wiederherzustellen. Doch was soll aus England werden, mit dem Schluribum HAL als Thronfolger? Im letzten Moment kriegt der die Kurve, bereut alles, HEINRICH IV. kann beruhigt sterben, HAL wird HEINRICH V. Den Ex-Saufkumpanen FALSTAFF lässt er festnehmen. (Weiter geht's auf S. 42.)

Smalltalk-Info

Der 90er-Jahre-Film *MY PRIVATE IDAHO* mit **Keanu Reeves** und **River Phoenix** basiert auf *HEINRICH IV*. Man muss allerdings beides sehr genau kennen und ziemlich viel Phantasie mitbringen: SCOTT (Reeves) ist ein Junge aus reichem Hause, der sein Geld als Stricher verdient. So weit, so nachvollziehbar, der Rest wird schwierig. Der Clou: Die Protagonisten sprechen mitunter in jambischen Pentametern, typisch **Shakespeare** (siehe »Versschema« auf S. 66) – beim DVD-Abend also mal die Silben zählen.

Und heute?

Der erste Teil gilt als bestes Historiendrama von **Shakespeare**, trotzdem lässt es die Menschen nicht in Scharen das Theater stürmen – zu viele alte Könige und so. Schon kurz nach **Shakespeares** Tod hat man beide Teile zusammengefasst (und das Stück *SIR JOHN FALSTAFF* genannt), im viktorianischen Zeitalter hat man dann auf den zweiten Teil lieber verzichtet – wegen der unmoralischen Ausschweifungen FALSTAFFS.

▶ 32 / 49 Sprechrollen | 2 959 / 3 205 Zeilen | 4 / 4 Tote | max. Redeanteil: FALSTAFF / FALSTAFF, 602 / 641 Zeilen, 20 % / 20 % |

| James Burbage stirbt | *Medusa* (Caravaggio) | 1. Holländische Flotte kehrt aus Indien zurück (Pfeffer) | *DAEMONOLOGIE* (Jakob I.) |

FALSTAFF hat auch andere Künstler inspiriert – am bekanntesten ist Verdis gleichnamige Oper.

»If I had a thousand sons, the first human principle I would teach them should be, to forswear thin potations and to addict themselves to sack.«*

SIR JOHN FALSTAFF: Ein feister Aristokrat, der vor allem Alkohol, Prügeleien, Feste und Frauen liebt. Sein Lieblingsgetränk ist *Sack*, eine Art Sherry, den **Sir Francis Drake** (siehe »Mitbürger, Freunde, Elisabethaner« auf S. 24) fässerweise beim Angriff auf Cadiz erbeutet hat.

FALSTAFF liefert eine Menge der damals beliebten Wortspiele, die teilweise schwer zu übersetzen sind – etwa wenn es um »*waste*« (= Verschwendung) und »*waist*« (= Taille) geht. Dank der FALSTAFF-Szenen gibt es zwischen Krieg, Intrige, Verrat und Tod für die Zuschauer auch immer wieder was zu lachen. Das war ziemlich wichtig damals – schließlich diente ein Theaterbesuch nicht der Bildung, sondern dem Vergnügen!

Kein Wunder also, dass SIR JOHN FALSTAFF der Lieblingscharakter von **Elisabeth I.** war. Im Gegensatz zu ihrer späteren Kollegin **Viktoria** wusste sie ein paar Zoten durchaus zu schätzen – und sie hat sich von **Shakespeare** sogar extra ein Stück gewünscht, in dem FALSTAFF sich verliebt. Er tat seiner Königin den Gefallen und schrieb DIE LUSTIGEN WEIBER VON WINDSOR.

FALSTAFF hieß übrigens erst SIR JOHN OLDCASTLE, nach einem bekannten (tapferen) Ritter. Dessen Nachfahren beschwerten sich, also nannte **Shakespeare** seinen komischen Helden nach einem anderen (feigen) Ritter, der keine Nachkommen hatte.

---

* *»Wenn ich tausend Söhne hätte, als oberstes Prinzip würde ich sie lehren, dünnem Getränk abzuschwören und sich dem Sherry zu ergeben.«* – Wird auch gern in Werbeprospekten spanischer Winzer zitiert.

England erlässt Armengesetz (»Poor Law«) – Grundstein des Unterstützungssystems

Orte der Handlung
Schauplätze der Shakespeare-Werke – eine Auswahl

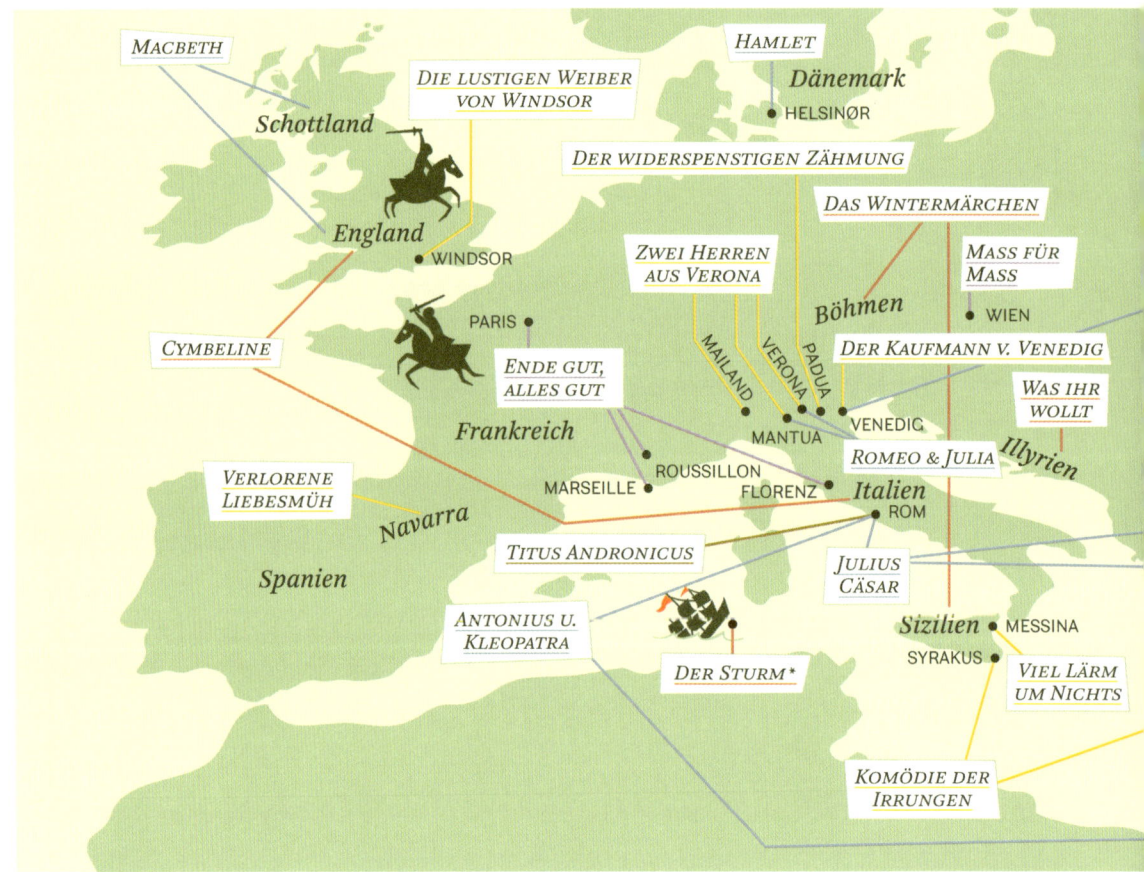

MACBETH

DIE LUSTIGEN WEIBER
VON WINDSOR

HAMLET
Dänemark
• HELSINØR

Schottland

DER WIDERSPENSTIGEN ZÄHMUNG

DAS WINTERMÄRCHEN

MASS FÜR
MASS

England
• WINDSOR

ZWEI HERREN
AUS VERONA

Böhmen
• WIEN

CYMBELINE

PARIS •

MAILAND
VERONA
PADUA
DER KAUFMANN V. VENEDIG

WAS IHR
WOLLT

ENDE GUT,
ALLES GUT

Frankreich

MANTUA
VENEDIG

Illyrien

VERLORENE
LIEBESMÜH

MARSEILLE •
ROUSSILLON

FLORENZ
ROMEO & JULIA

Italien
• ROM

Navarra

Spanien

TITUS ANDRONICUS

JULIUS
CÄSAR

Sizilien • MESSINA

ANTONIUS U.
KLEOPATRA

SYRAKUS

VIEL LÄRM
UM NICHTS

DER STURM *

KOMÖDIE DER
IRRUNGEN

* Fiktion: Der einzige erfundene Ort ist die Insel in *DER STURM*. Nähere Angaben, wo sie liegt, gibt **Shakespeare** nicht, aber möglicherweise wurde er von Berichten über Schiffbrüchige inspiriert, die sich 1610 auf die Bermudas retteten. Die Insel von PROSPERO hat jedenfalls etwas Karibisch-Paradiesisches.

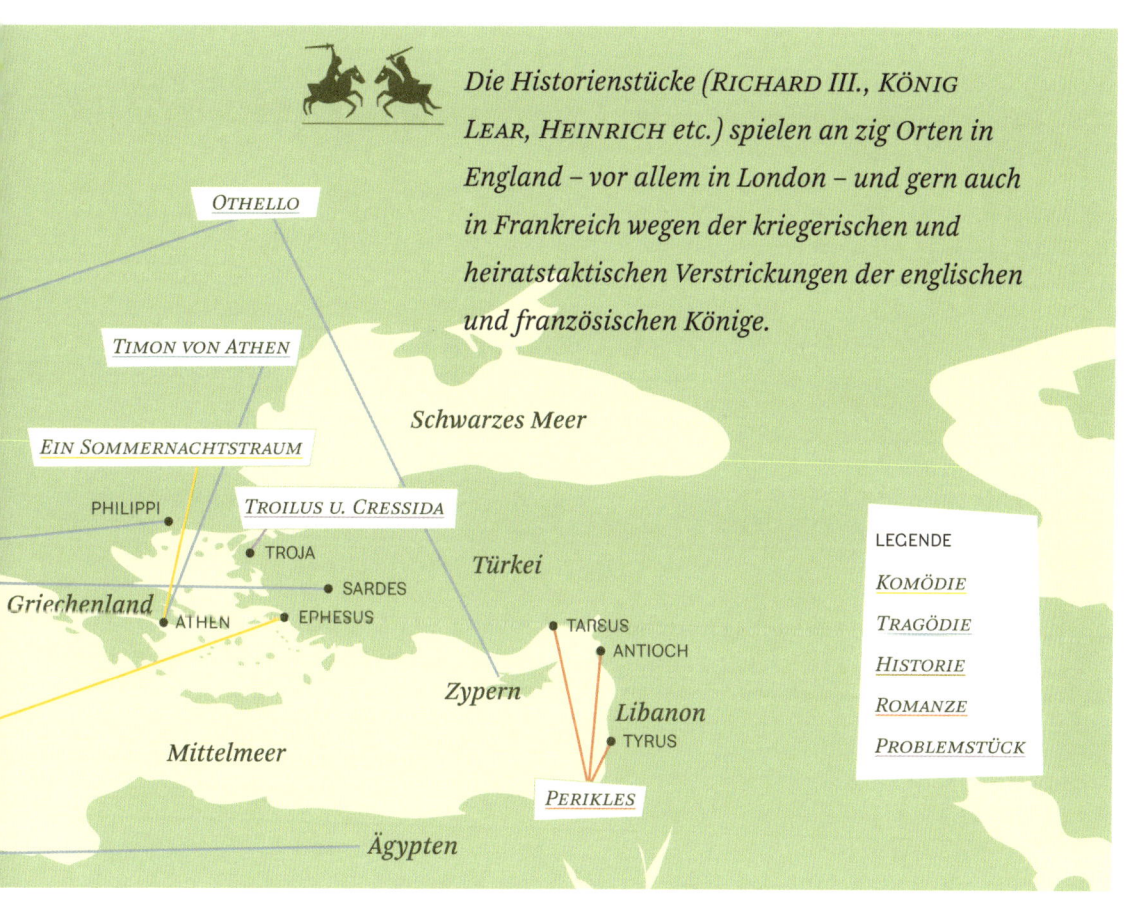

Die Historienstücke (RICHARD III., KÖNIG LEAR, HEINRICH etc.) spielen an zig Orten in England – vor allem in London – und gern auch in Frankreich wegen der kriegerischen und heiratstaktischen Verstrickungen der englischen und französischen Könige.

OTHELLO

TIMON VON ATHEN

Schwarzes Meer

EIN SOMMERNACHTSTRAUM

PHILIPPI

TROILUS U. CRESSIDA

TROJA

Türkei

SARDES

Griechenland

ATHEN   EPHESUS

TARSUS

ANTIOCH

Zypern

Libanon

TYRUS

Mittelmeer

PERIKLES

Ägypten

LEGENDE

KOMÖDIE

TRAGÖDIE

HISTORIE

ROMANZE

PROBLEMSTÜCK

😄 Die lustigen Weiber von Windsor
The Merry Wives of Windsor

Inhalt

FALSTAFF ist wieder da! Diesmal ohne Krieg und KÖNIG HEINRICH, aber genauso feist-dreist. Er will gleich zwei verheiratete Frauen verführen, um so an das Geld ihrer Ehemänner zu kommen. Allerdings sind MRS. FORD und MRS. PAGE mehr als abgeneigt. Als sie feststellen, dass sie identische Liebesbriefe bekommen haben, wollen sie FALSTAFF auflaufen lassen. Bei der Durchführung dieses Plans wird sich eifrig verkleidet (FALSTAFF u. a. als Frau) und versteckt (FALSTAFF u. a. im Wäschekorb) – bis die Ehemänner völlig verwirrt sind und eingeweiht werden müssen.

In einem anderen Handlungsstrang geht es um ANNE, die Tochter der PAGES, die verheiratet werden soll. Es gibt drei Kandidaten, wobei Mutter, Vater und Tochter jeweils einen anderen bevorzugen.

Im Showdown wird kostümmäßig noch mal alles gegeben: FALSTAFF soll sich mit einem Geweih als Jäger verkleiden und sich an einer Eiche zum Rendezvous einfinden. ANNE und diverse Dorfkinder sollen sich als Elfen verkleiden und FALSTAFF erschrecken. Das klappt super: FALSTAFF bereut, alle vertragen sich. Und ANNE hat die Maskerade genutzt, um heimlich mit ihrem Auserwählten durchzubrennen.

»Falstaff in love« hatte sich die Königin gewünscht. Große Liebesmomente hat **Shakespeare** seinem Helden allerdings nicht gegönnt.

Smalltalk-Info

1: Angeblich hat **Shakespeare** die Komödie in nur zwei Wochen extra für ein Gartenfest von **Elisabeth I.** geschrieben – mal was ganz Lockeres für Ihre Majestät: Zum ersten Mal spielt ein Theaterstück komplett im Bürgertum. Keine Könige und andere Hochwohlgeborene, sondern ganz normale Leute auf dem Land stehen im Mittelpunkt. Windsor ist eine kleine Stadt im Süden Englands, berühmt wegen des beeindruckenden Schlosses, auf dem schon **Elisabeth I.** gern entspannt hat.

2: Schloss Windsor ist auch Namensgeber für das jetzige englische Königshaus, das vorher Sachsen-Coburg-Gotha hieß. Viel zu deutsch, befand **George V.** während des Ersten Weltkriegs – und änderte den Namen. Der deutsche Kaiser **Wilhelm II.** witzelte daraufhin, er werde sich demnächst »*Die lustigen Weiber von Sachsen-Coburg-Gotha*« anschauen.

▶ | **23** Sprechrollen | **2 718** Zeilen | **5** ID-Changes | | max. Redeanteil: FALSTAFF, **438** Zeilen, **16 %** |

🎭 Viel Lärm um Nichts
Much Ado About Nothing

Inhalt

Hier werden dem Publikum zwei Liebesgeschichten zum Preis von einer geboten! Das Ganze spielt in Messina auf Sizilien.

Plot 1: HERO liebt CLAUDIO und umgekehrt – Verlobung – erst mal alles paletti. Doch dann sät DON JOHN (= unehelich und böse, das geht bei **Shakespeare** gern einher) Zwietracht, indem er CLAUDIO einredet, dass HERO ihm untreu ist. Showdown am Tag der Hochzeit in der Kirche: CLAUDIO beschuldigt HERO, die vor Peinlichkeit ohnmächtig wird. Zum Glück (Komödie!) wird das Missverständnis aufgeklärt und der Böse gefasst.

Plot 2: BENEDICK und BEATRICE mögen sich nicht und finden Heiraten doof. Sie streiten sich, wann immer sie sich treffen – Wortgefechte auf hohem Niveau. Da haben CLAUDIO und HERO den Plan, die beiden zu verkuppeln. Das funktioniert ziemlich reibungslos: CLAUDIO erzählt BENEDICK, dass BEATRICE sich in ihn verliebt hat – HERO erzählt BEATRICE Entsprechendes. Und schon sind sie viel netter zueinander. Nach einem kurzen Rückfall in Zickigkeit folgt ein gegenseitiges Liebesgeständnis. Am Ende gibt es natürlich eine fröhliche Doppelhochzeit.

Smalltalk-Info

Im Subtext geht es ums Spiel mit dem Sein und dem Schein – wie der Fachmann schon am Original-Titel erkennt: »Nothing« klingt so ähnlich wie »noting« (= wahrnehmen) – vor allem für die Elisabethaner. (Die Aussprache damals war zum Teil anders, was man auch daran erkennt, dass einige Reime im heutigen Englisch nicht mehr funktionieren: »one« und »alone«; »love« und »remove«.)

Und heute?

VIEL LÄRM UM NICHTS ist immer noch eine sehr beliebte, weil sehr lebendige Komödie. Regisseure lieben es, das Stück in andere Zeiten und Orte zu verlegen – aber oft tun sie sich schwer damit, beiden Handlungssträngen gerecht zu werden. Wegen der großartigen Wortgefechte ist die Nebenhandlung (Plot 2) beim Publikum beliebter, aber man möchte ja auch den tieferen Sinn (Schein / Sein) rüberbringen!

▸ | 23 Sprechrollen | 2 607 Zeilen | 10 ID-Changes | max. Redeanteil: BENEDICK, 430 Zeilen, **16 %** |

Elisabethanisches Theater
Globe-Theater I

Während der Herrschaft von Elisabeth I. (1558–1603) fand in England ein gesellschaftlicher Umbruch statt. Das Bürgertum wurde zahlreicher, wohlhabender, gebildeter und wichtiger.

Diese Menschen wollten sich in ihrer Freizeit nicht nur sinnlosem Vergnügen hingeben (Bier, Bärenkampf & Co.), sondern hatten gewisse Ansprüche. Und es gab Stückeschreiber, die in der Lage waren, intelligente Unterhaltung zu liefern. Aus fahrenden Schaustellern wurden professionelle Schauspielertruppen.

1576 baute James Burbage das erste öffentliche Theatergebäude (»public playhouse«) im Norden Londons: *The Theatre*.

LORD CHAMBERLAIN'S MEN

Weil es plötzlich von Schauspielertruppen wimmelte, gab es 1572 ein neues Gesetz: Wer auftreten wollte, brauchte einen Adligen als Patron. Shakespeares Truppe nannte sich zunächst Lord Chamberlain's Men – und war wie alle anderen ein Unternehmen.

Shakespeare besaß zehn Prozent, ein weiterer Teilhaber war Richard Burbage, Sohn von James Burbage und damals *der* Star-Schauspieler. Die Lord Chamberlain's Men waren bald die reichste und beste Truppe der Stadt.*

DAS GLOBE

1599: Der Pachtvertrag für *The Theatre* wurde nicht verlängert – das Theater musste umziehen. James Burbage war inzwischen gestorben, sein Sohn Richard baute das Gebäude ab – und südlich der Themse wieder auf. Nun hieß es *The Globe* und war eins von damals drei Theatern im neuen Vergnügungsviertel Bankside.

1613 brannte das *Globe* ab, aber schon ein Jahr später war es wieder aufgebaut. Zusätzlich spielte Shakespeares Truppe übrigens auch am Hof und im *Blackfriars Theatre*.

* Wie alle Truppen spielten sie mehr als 30 verschiedene Stücke gleichzeitig – und nur wenige davon schafften es in die nächste Saison. Der Bedarf an neuen Dramen war riesig!

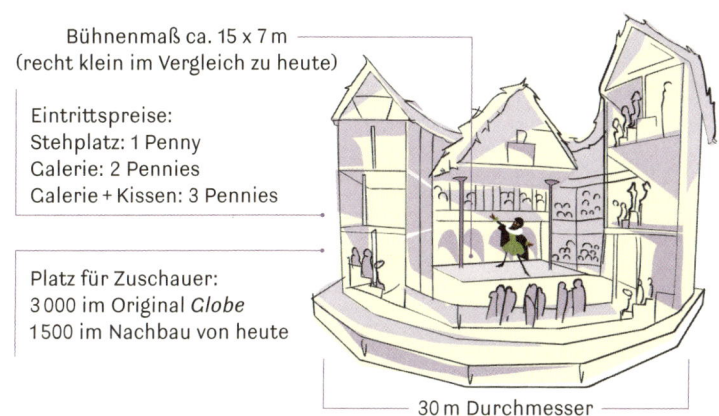

Bühnenmaß ca. 15 x 7 m
(recht klein im Vergleich zu heute)

Eintrittspreise:
Stehplatz: 1 Penny
Galerie: 2 Pennies
Galerie + Kissen: 3 Pennies

Platz für Zuschauer:
3 000 im Original *Globe*
1 500 im Nachbau von heute

30 m Durchmesser

DIE KONSTRUKTION DER THEATER

Wie genau die Elisabethanischen Theater aussahen, weiß man nicht. Es gibt eine einzige Skizze des *Swan* und ein paar dürftige Beschreibungen des *Globe*. 1989 dann der Knaller: Archäologen entdecken Überreste des *Rose* und kurz darauf auch des ersten *Globe*-Theaters.**

Aus diesen Informationen und Fragmenten ließen sich Form und Größe des Originals rekonstruieren. Die Elisabethanischen Theater waren polygonal – ähnlich wie antike Amphitheater.

Seit 1997 gibt es einen Nachbau des *Globe* in London – 230 Meter vom Originalstandort entfernt.

DIE AUFFÜHRUNGEN

Im Innenhof standen die »Groundlings« dicht gedrängt; der Gestank muss unerträglich gewesen sein. In der Galerie war es etwas komfortabler: man hatte zwar keine Rückenlehne, war aber vor Regen geschützt. Die besten Plätze befanden sich direkt über der Bühne. Man sah zwar schlechter, aber – was viel wichtiger war – man wurde gesehen!

Die Aufführungen fanden nachmittags statt, also während der Arbeitszeit – kein Wunder, dass die Theater den strengen Puritanern ein Dorn im Auge waren. Ein Ensemble bestand aus etwa zehn Schauspielern und einigen »Boy Actors«. Sie spielten die Frauenrollen, denn Frauen waren auf der Bühne verboten!

** Inzwischen sind zwei Drittel der Grundmauern des *Rose* freigelegt und können besichtigt werden – unter einem Bürohaus, von dessen Bau sich die Stadt nicht abbringen ließ. Vom *Globe* konnten nur etwa fünf Prozent freigelegt werden – leider befindet es sich zum größten Teil unter einem denkmalgeschützten Gebäude.

London vs. Bankside, 1599
Globe-Theater II

1596 wurden Theater in London verboten. Aber südlich der Themse, außerhalb der städtischen Gesetzesmacht, hatte sich ein Vergnügungsviertel entwickelt – und hier eröffneten dann auch die großen öffentlichen »playhouses«.

LONDON

Hier herrschen die Gesetze der Puritaner.

ABSCHRECKUNG
Am Südtor werden die Köpfe von Verrätern aufgespießt.

LONDON BRIDGE

THEMSE
BANKSIDE

JOLLE
Tausende Menschen überqueren pro Tag die Themse – die Reichen per Boot, alle anderen über die einzige Brücke.

SOUTH-WARK

THE SWAN
Seit 1595
Ben Jonson

Außerdem:
Bärenhetze und
Degenkämpfe

Bull-Baiting
Kampfhunde
vs. Stiere

Bear-Baiting
Kampfhunde
vs. Bären

WIRTSHÄUSER
Bier, Wein und Prügeleien
1 Pint Ale = 2 Penny (~ 6 €)

TIERKÄMPFE
Eine beliebte Unterhaltung; dafür wurden extra Arenen gebaut – Vorbilder für die Theater.

EINWOHNER LONDONS
1550: 150 000
1599: 200 000

THEMSE (»THE GREAT HIGHWAY OF LONDON«)

OPEN

Rainy day: no play*

KOSTÜME
Da wird nicht gespart: Ein Königs-
mantel z. B. kann schon mal umge-
rechnet 3 000 Euro kosten.

STRENGE REGELN
Schon kleine Diebstähle
werden mit dem
Tod bestraft.

PUBLIKUM
Handwerker und Angestellte,
Lords und Ladies, Kaufleute
und Soldaten, Bauern und
Seeleute – im Theater
treffen sich alle.

THE GLOBE
Seit 1599
William Shakespeare

THE ROSE
Seit 1576
Christopher Marlowe

BORDELLE
Heinrich VIII. hat Pros-
titution verboten; seine
Tochter Elisabeth I. ist
aber weniger prüde: Auf
der Bankside gibt es viele
Freudenhäuser.

GLÜCKSSPIELE
Würfel-, Karten- und
Brettspiele sind beliebte
(Wett-)spiele.

ARMUT
Bettler werden ausge-
peitscht. Dauerbettlern
droht die Todesstrafe.

* Da das *Globe* oben offen war, fielen Vorstellungen bei Regen aus. Wenn eine Aufführung stattfand, wurde eine Flagge gehisst, damit die Menschen auf der anderen Seite der Themse Bescheid wussten. Der Beginn der Vorstellung wurde mit Trompetenstößen angekündigt.

 Heinrich V.
The Life of Henry the Fifth

Inhalt

Könige, Krieg, Kirche, Komplott – wie es eben so ging im 15. Jahrhundert. Der ERZBISCHOF VON CANTERBURY befürchtet, dass HEINRICH V. ihm zu hohe Steuern aufbrummt und schlägt zur Ablenkung Krieg gegen Frankreich vor. HEINRICH ist nicht abgeneigt und bereitet flugs die Invasion vor – getreu dem Motto: »Kein König Englands ohne Frankreichs Thron«. Rasch noch eine Verschwörung aufgedeckt und die Schuldigen hinrichten lassen, und schon geht es los mit der Besetzung von Harfleur (heutige Normandie).

Inzwischen mobilisiert der französische König KARL VI. ein Heer, fünfmal so groß wie HEINRICHS. Doch der gibt die Parole *Positiv denken!* aus – bei Shakespeare heißt das: *»There is some soul of goodness in things evil«*. Vor der Schlacht bei Azincourt formuliert er das Ganze noch mal eindringlicher – in der berühmten St.-Crispin-Rede (s. rechts). Tatsächlich gewinnen die Engländer, sie verlieren nur 29 Männer – bei 10 000 toten Franzosen.

Im letzten Akt schließen KARL und HEINRICH Frieden. Zu HEINRICHS Bedingungen gehört u. a. KARLS Tochter KATHERINE. KARL stimmt allem zu – allerdings wird schon im Epilog angedeutet, dass der Frieden nicht lange hält.

Zitat

(…) within this wooden O (…)
(…) in diesem hölzernen O (…)

Diese Worte im Prolog elektrisieren die Shakespeare-Forscher: Hurra, ein seltener Hinweise auf das Aussehen des *Globe*-Theaters! Man vermutet, dass *HEINRICH V.* das erste Stück war, das dort gespielt wurde – wahrscheinlich hat Shakespeare selbst die ersten Zeilen des Prologs gesprochen!

Smalltalk-Info

FALSTAFF spielt auch hier wieder mit, allerdings nur indirekt: Der alte Saufkumpan von HEINRICH stirbt im zweiten Akt hinter der Bühne – passend zum neuen Image von Ex-HAL(-lodri).

Und heute?

Das patriotische Stück war in England vor allem zu Kriegszeiten sehr beliebt. Heutzutage kommt die negative Darstellung der Franzosen nicht mehr ganz so gut an – vor allem nicht in Frankreich. Dort wurde *HEINRICH V.* 1999 zum ersten Mal aufgeführt, und auch das war eher ein Flop.

▶ 45 Sprechrollen | 3 219 Zeilen | 8 Tote | max. Redeanteil: KÖNIG HEINRICH, 1 028 Zeilen, 32 % |

Cricket zum
1. Mal erwähnt

In Wirklichkeit dürfte Heinrich V. (1387–1422) etwas weniger edelmütig gewesen sein. Aber das Bild, das Shakespeare in seinem Drama gezeichnet hat, hat die Sichtweise der Engländer mehr geprägt als die historischen Fakten.

HEINRICH V.: vom Schluribum zum Nationalhelden! Im ersten Teil von *HEINRICH IV.* hat man ihn als HAL kennengelernt, den vergnügungssüchtigen Freund von FALSTAFF. Erst am Ende des zweiten Teils wird er geläutert – gerade noch rechtzeitig, um dann als HEINRICH V. charakterlich zu Höchstform aufzulaufen: tapfer, mutig, entschieden und sogar romantisch (am Ende erklärt er KATHERINE seine Liebe).

Spätestens nach der St.-Crispin-Rede liegt das Publikum ihm zu Füßen. 60 000 Franzosen? Kein Problem!*

The fewer men, the greater share of honour.
Je klein're Zahl, je größres Ehrenteil.

So heißt es ziemlich am Anfang, dann geht es um Mut, Narben und Heldentum – gegen Ende dann die berühmte Zeile:

We few, we happy few, we band of brothers
Uns wen'ge, uns beglücktes Häuflein Brüder

Hach, da wird man fast selbst zum englischen Patrioten. Kein Wunder, dass die Briten 1944 noch mal schnell *HEINRICH V* verfilmt haben – mit Laurence Olivier in der Hauptrolle.

Auch Heinrichs Frau Katherine, eine Vorfahrin von Elisabeth I., war beim Volk sehr beliebt – auf der Bühne waren die beiden ein Traumpaar. Der Kuss im 5. Akt wurde damals vom Publikum bejubelt.

---

* Die Schlacht von Azincourt fand am 15. Oktober 1415 statt – dem Tag des heiligen Crispin. Die historischen Tatsachen sind umstritten, aber nach neuesten Erkenntnissen war das Verhältnis zwischen Franzosen und Engländern etwa 3:2 – und es sind mit Sicherheit mehr als 29 Engländer gefallen.

Narziss
(Caravaggio)

Eröffnung
Globe-Theater

1599
HEINRICH V.

Wer war Will?

Shakespeares Leben / Verschwörungstheorien

Über Shakespeares Biographie weiß man nicht viel mehr als das, was auf der Timeline steht – wobei noch nicht einmal sein Geburtsdatum belegt ist.

Fest steht nur, dass er am 26. April 1564 getauft wurde – der Geburtstag wurde dann eher willkürlich auf den 23. April gelegt – vielleicht weil das gut zum Todestag passt.

KEINE BEWEISE

Über die Zeit zwischen 1585 bis 1592 (die »verlorenen Jahre«) weiß man gar nichts. Ging er auf Reisen? Hat er als Lehrer gearbeitet, als Anwaltsgehilfe oder als Schreiber? War er Soldat oder Seemann? Man wird es vermutlich nie erfahren.

Und auch ansonsten hat es Shakespeare der Nachwelt nicht leicht gemacht: Er hat praktisch keinen Fitzel an Beweisen hinterlassen! In seinem Testament erwähnt er kein einziges literarisches Werk, es gibt keine Briefe von ihm und nur sechs krakelige Unterschriften. Und die einzigen handschriftlichen Manuskriptseiten wurden ausgerechnet in *SIR THOMAS MORE* gefunden – ein Werk, an dem er nur zu einem Bruchteil beteiligt war.

WAR ER ES GAR NICHT?

Das hat der nicht alles geschrieben – unmöglich! Ein einfacher Mann aus der Provinz, Sohn eines Handschuhmachers, soll der Autor von *MACBETH* und *HAMLET* sein? Woher wusste er so viel über Medizin, Recht, Geschichte, Politik, Fremdsprachen, Astronomie, Hofsitten? Die amerikanische Lehrerin **Delia Bacon** war die Erste, die Mitte des 19. Jahrhunderts die Autorschaft öffentlich anzweifelte. Sie landete zwar im Irrenhaus, aber ihre Theorie fand viele Anhänger. Berühmte »Anti-Stratfordianer« waren **Mark Twain, Henry James, Sigmund Freud, Charlie Chaplin.**

Shakespeares Leben:

Geburt W.S. (Stratford-upon-Avon)		Taufe Tochter Susanna		Geburt Zwillinge Hamnet + Judith			W.S. wird Teilhaber der *Lord Chamberlain's Men*
1564	1582	1583	1584	1585		1592	1594
	Anne Hathaway + W.S. heiraten		W.S. wird Mitglied der *Lord Chamberlain's Men*			1. Beweis, dass W.S. in London arbeitet	

WER WAR ES DANN?

Mehr als fünfzig Personen wurde im Laufe der Jahrhunderte die wahre Autorschaft zugeschrieben. Am meisten Beachtung fanden **Francis Bacon*** (Philosoph, Wissenschaftler, Politiker), **Christopher Marlowe** (Dramatiker) und **Edward de Vere** (17. Graf von Oxford). An **Bacon** mochte eigentlich niemand so recht glauben – sein Stil unterscheidet sich zu sehr von dem der berühmten Theaterstücke. Gleiches gilt für **Marlowe**, der zudem starb, bevor **Shakespeare** sein erstes Werk veröffentlicht hatte. Was allerdings die Anhänger der **Marlowe**-Theorie so erklären: Sein Tod war nur vorgetäuscht, in Wirklichkeit ist **Marlowe** nach Italien geflohen und hat dort die Stücke verfasst, während sich der Schauspieler **Shakespeare** gegen Geld als Autor der Werke ausgab. Hm ...

Am hartnäckigsten hält sich die **De-Vere-The**se: Der **Graf von Oxford** verfügte über Bildung, Sprachkunst, Nähe zum Hof – und einen Grund, unter Pseudonym zu schreiben: Für einen Adligen wäre es unpassend gewesen, als Stückeschreiber zu arbeiten. Allerdings ist auch **Edward de Vere** schon 1604 gestorben – vor wichtigen Werken wie z. B. *DER STURM* und *MACBETH*.

UND ER WAR ES DOCH!

Literaturforscher sind inzwischen überzeugt:
Shakespeare = Shakespeare.

Seine Kollegen waren zu Recht neidisch auf ihn, weil er schon damals alle in den Schatten stellte. *»An upstart crow«* nannte ihn der Schriftsteller **Robert Greene**, einen Emporkömmling. Tatsächlich war **Shakespeare** recht gebildet, wahrscheinlich hat er eine Lateinschule besucht und Dichtkunst, alte Sprachen, Geschichte, die Bibel und griechische Klassiker studiert.

---

* Die »Baconianer« haben es allerdings etwas übertrieben: Nach ihrer Auffassung soll Bacon nicht nur ein unehelicher Sohn von **Elisabeth I.** sein, sondern neben **Shakespeares** auch die Werke anderer Zeitgenossen verfasst haben (u. a. die von **Thomas Kyd**, **John Lyly**, **Christopher Marlowe**).

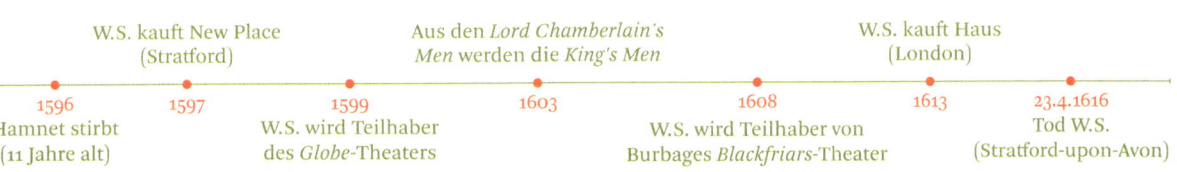

W.S. kauft New Place (Stratford) | Aus den *Lord Chamberlain's Men* werden die *King's Men* | W.S. kauft Haus (London)

1596 — 1597 — 1599 — 1603 — 1608 — 1613 — 23.4.1616

1596 Hamnet stirbt (11 Jahre alt) — **1599** W.S. wird Teilhaber des *Globe*-Theaters — **1608** W.S. wird Teilhaber von Burbages *Blackfriars*-Theater — **1616** Tod W.S. (Stratford-upon-Avon)

♦ Julius Cäsar
The Tragedy of Julius Caesar

Inhalt

Es geht um die letzten Tages CÄSARS und die zwei Jahre danach. Gleich am Anfang wird CÄSAR von einem Wahrsager gewarnt: »*Beware the ides of March*« – was er allerdings nicht ernst nimmt. (*Die Iden des März* = Mitte März.)

Dabei arbeiten seine Feinde bereits an einer Verschwörung. Sie wollen nicht, dass das Volk ihn zum König macht. Der Hauptbösewicht ist CASSIUS. Er manipuliert BRUTUS so, dass dieser denkt, zum Wohl des Volkes zu handeln, wenn er CÄSAR umbringt. Trotz weiterer Warnungen geht CÄSAR am 15. März in den Senat, wo er prompt erstochen wird. In einer Ansprache zieht BRUTUS das Volk auf die Seite der Verschwörer, doch dann tritt MARK ANTONIUS auf, CÄSARS bester Freund, und hält die berühmte »*Mitbürger! Freunde! Römer!*«-Rede, in der er das Volk geschickt gegen BRUTUS & Co. aufhetzt. Die Verschwörer werden aus der Stadt gejagt. BRUTUS und CASSIUS streiten sich und stellen jeweils eine Armee gegen die neuen Herrscher in Rom. Beide verlieren ihre Schlacht, beide bringen sich um. Am Ende wird BRUTUS posthum rehabilitiert: ANTONIUS verteidigt ihn in seiner Rede als »*noblest Roman of them all*« – der einzige Verschwörer, der ehrenwert gehandelt hat.

Zitat

Let me have men about me that are fat, (…)
Lasst wohlbeleibte Männer um mich sein, (…)
Sagt CÄSAR ziemlich am Anfang zu ANTONIUS. Auch wenn er auf den Wahrsager nichts gibt, CASSIUS mit dem »hohlen Blick« ist ihm unheimlich. Im Original heißt es: »*Cassius has a lean and hungry look*« – was besser zu dem Wunsch nach dicken Männern passt.

Smalltalk-Info

»*Et tu, Brute?*« CÄSARS letzte Worte, erfunden von **Shakespeare**. Das Original-Zitat wurde angeblich von dem römischen Staatsbeamten **Sueton** übermittelt – auf Griechisch: »*Kai su, teknon*«. Was so viel heißt wie »Auch du, Kind?« wurde bald zu »*Auch du, mein Sohn Brutus?*« und musste als Beweis dafür herhalten, dass **Brutus** Cäsars unehelicher Sohn war. **Sueton** selbst hat die Worte allerdings gar nicht gehört, sie wurden ihm nur berichtet. Wahrscheinlich hat **Cäsar** sie nicht gesagt – aber dank **Shakespeare** gibt es nun (mal wieder) einen berühmten Spruch.

▶ | 47 Sprechrollen | 2 453 Zeilen | 4 Tote (+ 70 Senatoren, darunter CICERO) | max. Redeanteil: BRUTUS, 728 Zeilen, 30 % |

| Geburt Oliver Cromwell | *Judith und Holofernes* (Caravaggio) | Geburt Diego Velázquez |

🎭 Wie es euch gefällt

As You Like It

Inhalt

Es ist – wie so oft – etwas verwickelt: zweimal Bruderstreit, zweimal Verbannung und eine Frau, die sich als Mann verkleidet.

HERZOG FREDERICK streitet mit seinem Bruder HERZOG SENIOR und verbannt ihn in den Wald von Arden. OLIVER piesackt seinen Bruder ORLANDO und plant sogar ein Attentat auf ihn. Daraufhin flieht auch ORLANDO in den Wald. Vorher hat er sich in ROSALIND verliebt, die Tochter von HERZOG SENIOR. Die wird ebenfalls von FREDERICK verbannt, will aber nicht ohne ihre Freundin CELIA (= Tochter von FREDERICK) gehen. Zum Glück haben sie eine tolle Idee: ROSALIND verkleidet sich als Mann und nennt sich GANYMEDE; CELIA gibt sich als dessen Schwester ALIENA aus. Zusammen fliehen sie – na? – in den Wald von Arden!

Dort hängt ORLANDO an alle Bäume Liebesgedichte für ROSALIND, die daraufhin mit ihrer Verkleidung hadert, dann aber einen neuen super Plan hat: Als GANYMEDE verspricht sie ORLANDO, ihn von der Verliebtheit zu erlösen – und zwar mit einem lustigen Rollenspiel: Er soll GANYMEDE umwerben, als sei »er« ROSALIND. Dann trifft OLIVER im Wald ein, geschickt von FREDERICK, um ORLANDO einzufangen. Der rettet ihn vor wilden Tieren, die Brüder vertragen sich. OLIVER verliebt sich stante pede in CELIA und umgekehrt. GANYMEDE gibt sich als ROSALIND zu erkennen, ORLANDO ist begeistert. Am Ende vertragen sich sogar FREDERICK und SENIOR.

Zitat

All the world's a stage, and all the men and women merely players.
Die ganze Welt ist eine Bühne und alle Frauen und Männer bloße Spieler.
So philosophiert ein melancholischer Lord mit HERZOG SENIOR über das Leben. Und hat damit ein schönes Motto nicht nur für den Theaterbetrieb geschaffen.

Smalltalk-Info

Hinter Arden wird mitunter eine Kombination aus Arkadien und dem Garten Eden vermutet. Oder eine Anspielung auf den Mädchennamen von Shakespeares Mutter. Vielleicht ist aber auch einfach der Wald bei Stratford gemeint – der heißt »Forest of Arden« ...

▶ | **26** Sprechrollen | **2 710** Zeilen | **4** ID-Changes | max. Redeanteil: ROSALIND, **690** Zeilen, **25 %** |

Persische Gesandtschaft
reist durch Europa

♠ Hamlet
The Tragedy of Hamlet, Prince of Denmark

Inhalt

HAMLET ist ein dänischer Prinz. Eines Tages stirbt sein Vater – angeblich an einem Schlangenbiss. Bei der Totenwache erscheint plötzlich Papas Geist und erzählt, dass es sich in Wirklichkeit um Mord handelt! HAMLETS Onkel CLAUDIUS (= Bruder des Vaters) hat dem schlafenden KÖNIG ein tödliches Gift ins Ohr geträufelt.

HAMLET muss dem Geist versprechen, den Vater zu rächen. Deshalb spielt HAMLET fortan den Wahnsinnigen, was zwar gut klappt, aber leider zu Verwerfungen mit der von HAMLET bis dato heftig umworbenen OPHELIA führt.

Zwar wird HAMLET auch immer von Zweifeln und Selbstmordgedanken geplagt, entschließt sich dann aber doch, Onkel CLAUDIUS zu erdolchen, als dieser sich hinter einem Vorhang versteckt. Leider handelt es sich bei dem Erstochenen um POLONIUS, den Vater von OPHELIA.

Die Situation wird zunehmend unübersichtlich: OPHELIA wird nun ihrerseits wahnsinnig (aber wirklich) und bringt sich um. Ihr Bruder LAERTES will Schwester und Vater rächen, es kommt zum Duell mit vielen Tricks und einer Menge Gift. Am Ende ist die Bühne voller Toter.

Zitat

To be or not to be, that is the question: (…)
Sein oder nicht sein, das ist hier die Frage: (…)
Sagt HAMLET zu sich selbst zu Beginn eines Monologs zum Thema Selbstmord – im Sinne von: *Ich traue mich, ich traue mich nicht.* – Nur eins von sehr vielen Zitaten, die längst zu geflügelten Worten geworden sind.

Zu **Shakespeares** Zeiten hat das Publikum übrigens auf solche »Fragen« wie *»To be or not to be«* lautstark geantwortet – ein Element, das heutigen Aufführungen leider fehlt.

Smalltalk-Info

Das längste Stück **Shakespeares**, es dauert mehr als vier Stunden (man nimmt allerdings an, dass die Schauspieler damals im *Globe*-Theater schneller gesprochen haben). HAMLET hat von allen Helden den meisten Text und wurde bei der Uraufführung von dem Star-Schauspieler **Richard Burbage** gespielt. **Shakespeare** selbst war der Geist!

▶ | **31** Sprechrollen | **4 024** Zeilen | **9** Tote | max. Redeanteil: HAMLET, **1 495** Zeilen, **37 %** |

| Das Wort *Electricus* (für Elektrizität) wird geprägt | Eröffnung *The Fortune Playhouse* | Bodensee komplett zugefroren | Frz. König Heinrich IV. + Maria de' Medici heiraten | Geburt Karl I. (Charles I) |

KÖNIG HAMLET
ermordet von Claudius

CLAUDIUS
ermordet von Prinz Hamlet

PRINZ HAMLET
ermordet von Laertes durch
vergiftete Degenspitze

LAERTES
ermordet von Prinz Hamlet*

*Wieso?
Wer soll es denn
sonst sein?*

PRINZ
HAMLET

KÖNIG HAMLET   CLAUDIUS

* weil dieser zwischendurch
mit Laertes' Degen (= vergiftet)
herumgefuchtelt hat

OPHELIA
Selbstmord,
weil wahnsinnig,
weil Vater tot

POLONIUS: aus Versehen erstochen von Prinz
Hamlet, der ihn mit Claudius verwechselt hat

KÖNIGIN GERTRUDE: aus Versehen ermordet von
Claudius; trinkt Gift, das für Hamlet vorgesehen war

Britische Ostindien-
Kompanie gegründet

R. Burbage vermietet
Blackfriars-Theater (£ 40 / Jahr)

Pi-Wert wird auf
3,415929 kalkuliert

1600 / 01
HAMLET

😊 Was ihr wollt
Twelfth Night, or What you will

Inhalt

Viel Liebe, viel Verwirrung und mal wieder Zwillinge: VIOLA und SEBASTIAN. Sie erleiden Schiffbruch vor der Küste Illyriens. VIOLA erreicht die Küste und beschließt spontan, sich als Junge zu verkleiden. Sie nennt sich CESARIO und tritt in die Dienste von ORSINO (= Herzog von Illyrien), in den sie sich dann auch direkt verliebt. Der allerdings verzehrt sich nach GRÄFIN OLIVIA. CESARIO bringt ORSINOS Liebesbriefe zu OLIVIA, die sich wiederum in CESARIO verliebt.

Zwischendurch treten ein paar Nebenfiguren auf, die dem übellaunigen Haushofmeister MALVOLIO eins auswischen wollen und ihm einen Liebesbrief im Namen OLIVIAS schreiben. Darin wird er aufgefordert, gelbe Strümpfe und ein Dauerlächeln zu tragen – was einige absurd-komische Situationen verursacht.

Um die Verwirrung perfekt zu machen, taucht VIOLAS verschollen geglaubter Zwillingsbruder SEBASTIAN wieder auf, der von allen für CESARIO (VIOLA) gehalten wird. Er wird von einem Verehrer OLIVIAS zum Duell gefordert. OLIVIA greift ein und nimmt SEBASTIAN (den sie für CESARIO hält) mit, um ihn zu heiraten.

Irgendwann gegen Ende stehen SEBASTIAN und CESARIO / VIOLA endlich gemeinsam auf der Bühne, und die Fäden können entwirrt werden. VIOLA heiratet ORSINO, SEBASTIAN und OLIVIA sind schon verheiratet – perfekt! Nur MALVOLIO schwört Rache.

Smalltalk-Info

Der Originaltitel *TWELFTH NIGHT* bezieht sich auf das Ende der Weihnachtszeit. Die dauerte damals zwölf Tage, an denen es eher ernst und kirchlich zuging. In der zwölften Nacht gab es ein spezielles Fest, genannt »Twelfth Night«. Vermutlich hat **Shakespeare** das Stück extra für dieses Fest geschrieben. Die Uraufführung fand am 2. Februar 1602 statt – nach damaligem Kalender genau zur zwölften Nacht nach Weihnachten.

Und heute?

WAS IHR WOLLT gehört immer noch zu **Shakespeares** populärsten Komödien, VIOLA zählt zu seinen besten Frauenrollen. Trotzdem wird VIOLA durchaus auch heutzutage von Männern gespielt – nur dann kommt **Shakespeares** Lieblingswitz des Cross-Dressing richtig zur Geltung (siehe auch S. 21).

▶ | **18** Sprechrollen | **2 491** Zeilen | **2** ID-Changes | max. Redeanteil: SIR TOBY, **341** Zeilen, **14 %** |

✑ Sonette
Shakespeare's Sonnets

Inhalt

SONETT 1 bis *127* richtet der Dichter an einen jungen Mann. Zuerst wird dieser aufgefordert, zu heiraten und Kinder zu zeugen, auf dass seine Schönheit in ihnen weiterlebe. Der junge Lord wird vom Dichter bewundert und gepriesen.

Von *SONETT 127* an steht die »Dark Lady« im Mittelpunkt; der Dichter beschreibt das schwarze Haar und den dunklen Teint seiner Liebsten – und dann kommt raus, dass sie eine Affäre mit dem jungen Lord hat! Schließlich überlässt der Dichter die Lady dem Lord.

Smalltalk-Info

Bis heute sind die *SONETTE* geheimnisumwittert. Forscher fragen sich: Wer sind die Personen, um die es hier geht? Ist der Dichter, der in der Ich-Form schreibt, **Shakespeare** selbst? Wer ist die Dark Lady, wer der junge Lord?

Ein weiteres Rätsel gibt die Widmung an einen »Mr. W. H.« auf: Wofür stehen diese Initialen? Man weiß es bis heute nicht, geht aber inzwischen davon aus, dass alle Personen fiktiv sind und W. H. kein Prominenter war. Vielleicht ist es sogar ein Druckfehler und soll eigentlich W. S. heißen – also einfach die Initialen des Autors. Von wegen Widmung ...

Und heute?

Die *SONETTE* gelten als absolutes Meisterwerk. Allein von *SONETT 18* (dem berühmtesten) gibt es mehr als hundert deutsche Übersetzungen, die bekannteste ist von **Friedrich Bodenstedt** (1866):

Zitat *(SONETT 18)*

Shall I compare thee to a summer's day?
Thou art more lovely and more temperate:
Rough winds do shake the darling buds of May,
And summer's lease hath all too short a date.

Soll ich Dich mit einem Sommertag vergleichen?
Nein, Du bist lieblicher und frischer weit –
Durch Maienblüten raue Winde streichen
Und kurz nur währt des Sommers Herrlichkeit.

Form

Fast alle 154 Sonette bestehen aus jeweils 14 Zeilen. Die ersten drei Strophen (à vier Zeilen) bezeichnet man als Quartette, die letzte Strophe (à zwei Zeilen) nennt man Couplet.

Üblicherweise gibt es im dritten Quartett eine Wendung in der Argumentation – und das Couplet bietet eine Art Schlussfolgerung.

Sprachkunst
Wie und woraus Shakespeare seine Texte strickte

Shakespeare war ein Vokabel-Virtuose. Er benutzte etwa 20 000 Wörter (ein gebildeter Mensch heutzutage bringt es auf 4 000). 7 000 verwendete er nur ein einziges Mal, 1 500 Wörter hat er selbst »erfunden«.

NEUE WÖRTER

Im 16. Jahrhundert erlebte die englische Sprache eine Art Sprachexplosion. Entdeckerreisen, Handel, Kriege und Kolonisation brachten viele neue Wörter, die einfach englisch angepasst wurden. Aus Spanien kam der »tabaco« und wurde *tobacco*, aus Italien kam die »mandolino« und wurde zur *mandolin*.

Hier mischte auch Shakespeare mit; er machte den »bandito« zum *bandit*, fügte in das lateinische »abstemius« ein »o« ein – und fortan durften auch Engländer enthaltsam leben: *abstemious* / abstinent. Aus dem deutschen Verb »spucken« wurde bei Shakespeare *puke* (das erst später die unfeine Bedeutung »kotzen« bekam).

Außerdem kannte Shakespeare noch andere Tricks, um neue Wörter zu stricken: Er machte Nomen zu Verben und umgekehrt *(the gossip > to gossip, to dawn > the dawn)*, kombinierte zwei Wörter zu einem neuen *(cold-blooded)*, jonglierte mit Vor- und Nachsilben *(uncomfortable, eventful)* oder gab den Dingen einen passenden Namen *(eyeball)*.

* Crashkurs »Korrekte Anrede« unter Elisabethanern:

Unter Freunden:	du/ihr	dir/euch	dein/euer
	thou	thee	thy/thine
	Subjekt	Objekt	Possessivpronomen

FEINE ENGLISCHE ART

Auch und gerade mit den Beleidigungen spielt Shakespeare sprachlich in einer Extraliga:

I do desire we may be better strangers / Ich wünsche mir Eure entferntere Bekanntschaft. *(WIE ES EUCH GEFÄLLT)* Oder: *Thy* tongue outvenoms all the worms of Nile* / Dein Mund vergiftet mehr als alles Nilgewürm. *(CYMBELINE)*

REDENSARTEN FÜR DIE EWIGKEIT

Noch besser als seine Wortschöpfungen sind Shakespeares Redewendungen, die zum Teil sogar in ihrer Übersetzung immer noch zum allgemeinen Sprachgebrauch gehören:

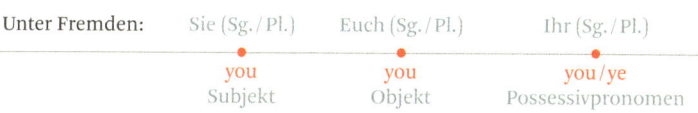

green-eyed monster / grünäugiges Monster (Eifersucht), *every inch a king* / jeder Zoll ein König, *my own flesh and blood* / mein eigen Fleisch und Blut, *vanish into thin air* / in Luft auflösen, *break the ice* / das Eis brechen, *for goodness sake* / um Himmels Willen. (Gotteslästerung war damals ein Tabu. Deswegen wurde das Wort »God« in »goodness« umgewandelt.)

MUT ZUM EXPERIMENT

Der Mann hatte einfach Spaß an Sprache und scherte sich wenig um irgendwelche Regeln. Er experimentierte mit Grammatik (unübliche Satzstellung!) und verteilte kuriose Adjektive (z. B. »stolze« Pferdehufe). Und er hatte keine Hemmungen, auch mal ein irrsinnig langes lateinisches Wort zu benutzen *(Honorificabilitudinitatibus)*, ohne es zu erklären.

Unter Fremden:	Sie (Sg. / Pl.)	Euch (Sg. / Pl.)	Ihr (Sg. / Pl.)
	you	you	you / ye
	Subjekt	Objekt	Possessivpronomen

Shakespeare-Shorts
Werke kurz und knapp

DER PHÖNIX UND DIE TURTELTAUBE
The Phoenix and the Turtle

Ein äußerst rätselhaftes Gedicht, das in einer Gedichtsammlung von **Robert Chester** erschienen ist. Unter dem Titel *LOVE'S MARTYR* geht es in allen Beiträgen (u. a. auch von **Ben Jonson**) um das *Phönix-Turteltauben*-Thema. Shakespeares Beitrag umfasst 67 Zeilen, in denen es um den PHÖNIX geht, der sich in jungfräulicher Liebe mit der TURTELTAUBE vereinigt – beide werden zu Asche, einen Nachkommen gibt es nicht. Große Poesie, da sind sich alle einig, aber was will uns der Dichter sagen??? Der Phönix war das Symbol von **Elisabeth I.**, der Virgin Queen. Soll die Turteltaube also der 2. Graf von Essex sein, der angebliche Geliebte der Königin? Ist das Ganze ein Abgesang auf die Herrschaft der Tudors? Eine Huldigung des zukünftigen **König Jakob**? Das Original ist übrigens selbst für Engländer schwer zu verstehen, weil es viele Wörter enthält, deren Bedeutung sich in 400 Jahren geändert hat.

TROILUS UND CRESSIDA
Troilus and Cressida

TROILUS ist der jüngste Sohn von KÖNIG PRIAMOS – also der Bruder des heldenhaften HEKTOR und des berühmten PARIS, der mit der Entführung von HELENA den Krieg zwischen Trojanern und Griechen angezettelt hat. Seit sieben Jahren belagern die Griechen nun schon erfolglos die Stadt, als sich TROILUS und CRESSIDA verlieben. Dummerweise hat CRESSIDAS Vater die Seiten gewechselt und holt auch sie ins griechische Lager. Sie schwört TROILUS ewige Treue, flirtet aber kurz darauf mit sämtlichen Griechen! Als TROILUS sich heimlich ins feindliche Lager schleicht, beobachtet er CRESSIDA beim Tête-à-tête mit einem griechischen General. TROILUS ist entsetzt. Und dann wird auch noch sein Bruder HEKTOR im Kampf getötet.

Auf den ersten Blick alles andere als komisch, und doch wird das Stück oft zu den Komödien gezählt – obwohl es im *FIRST FOLIO* als Tragödie rangierte. Beim genauen Lesen entdeckt man allerdings auch satirische Seitenhiebe …

Der ungläubige Thomas (Caravaggio)	»Goldene Rede« (Abschiedsrede von Elisabeth I.) im Parlament	Erfindung Flaschenbier	Die Pest bricht erneut aus (London)

MASS FÜR MASS
Measure for Measure

Unzucht, Korruption und Sittenverfall: VINCENTIO, der Herzog von Wien, ist einfach zu nachsichtig. Also überlässt er seinem Stellvertreter ANGELO die Stadt, einem strengen Prinzipienreiter. Der verurteilt CLAUDIO zum Tode – wegen Sex vor der Hochzeit. CLAUDIOS Schwester ISABELLA fleht ANGELO um Gnade an. Der vergisst seine Prinzipien und macht ihr ein unmoralisches Angebot: ihre Jungfräulichkeit für CLAUDIOS Freiheit. Waaas??? ISABELLA ist entsetzt. Never! Da kommt HERZOG VINCENTIO zurück. Verkleidet als Mönch, will er doch mal nach dem Rechten sehen. Er hat zwei Tricks in petto, um ANGELO die Fiesheiten auszutreiben. Zunächst der »bed trick«: ISABELLA soll dem Sex-Deal zum Schein zustimmen. Statt ihrer legt sich aber ANGELOS sitzen gelassene Exverlobte MARIANA ins Bett. ANGELO merkt nichts, fordert aber weiterhin CLAUDIOS Kopf. Nun kommt der »head trick« zur Anwendung: Man bringt ANGELO den Kopf eines anderen Mannes, der sowieso gerade hingerichtet wurde. Am Ende fliegt alles auf, ANGELO gesteht und bereut. Der nette HERZOG verurteilt ihn zur Hochzeit mit MARIANA – er selbst heiratet ISABELLA.

Ein weiteres Problemstück, das auch als »dark comedy« bezeichnet wird. Das Stück um Macht und Moral erlangte während der Lewinsky-Affäre neue Popularität; die Regisseure hatten ihre Freude daran, die Handlung in die USA der 90er zu verlegen.

DER LIEBENDEN KLAGE
A Lover's Complaint

Ob dieses Gedicht von Shakespeare stammt, wurde lange bezweifelt. Darum geht's: Mädchen trifft Womanizer, erliegt aber im Gegensatz zu den meisten anderen Frauen nicht dessen Charme. Der Typ ist jedoch hartnäckig und bietet das ganze Programm – Geschenke, Versprechungen, Tränen (!) –, bis sie endlich von seiner Liebe überzeugt ist. Doch nach der ersten Nacht verlässt er sie. All das erzählt sie einem alten Mann, der sie weinend am Fluss trifft. Und das Schlimmste, so klagt sie am Ende: Sie würde jederzeit wieder auf die Liebesschwüre des Kerls reinfallen!

| Königin Elisabeth I. stirbt | Jakob VI. v. Schottland wird zu Jakob I. v. England gekrönt | *The Chamberlain's Men* nennen sich fortan *The King's Men* | Sir Walter Raleigh verhaftet (Hochverrat) |

Vergiftet, verrückt, verschieden

Tote in Shakespeares Dramen

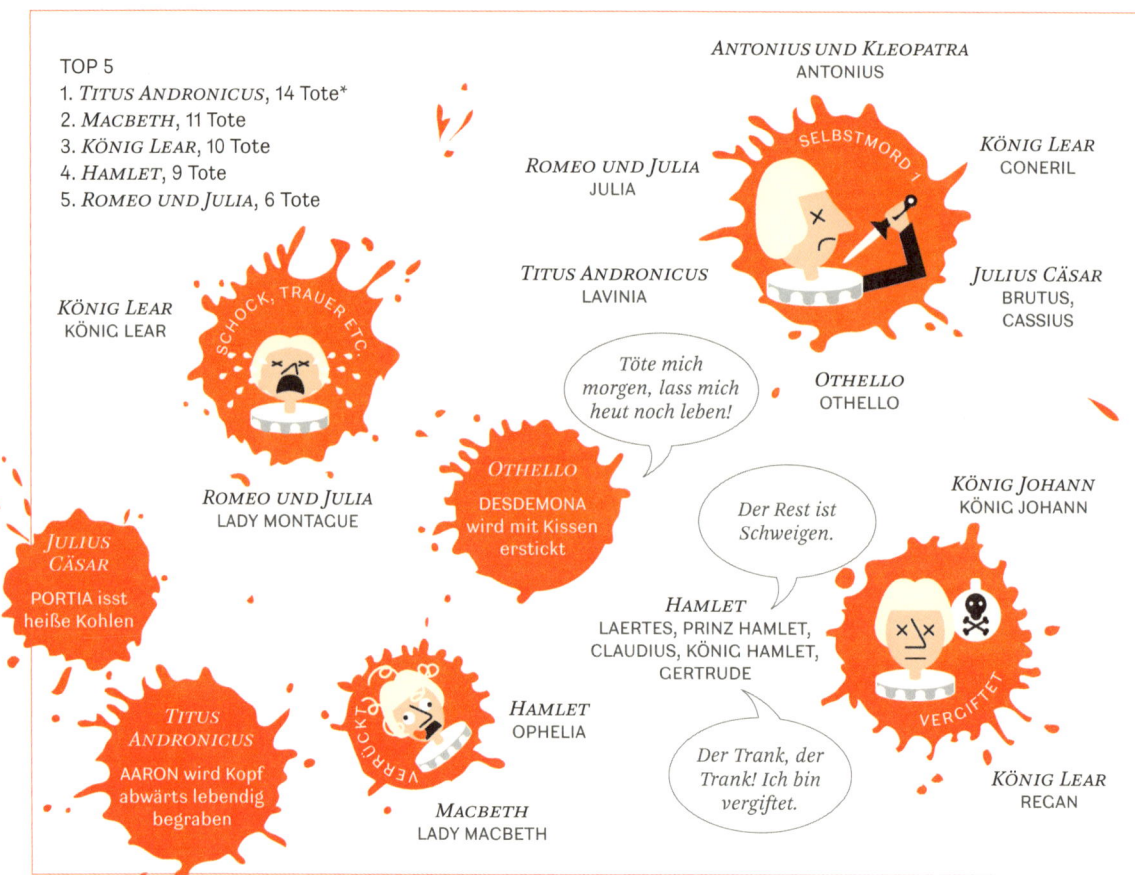

TOP 5
1. *TITUS ANDRONICUS*, 14 Tote*
2. *MACBETH*, 11 Tote
3. *KÖNIG LEAR*, 10 Tote
4. *HAMLET*, 9 Tote
5. *ROMEO UND JULIA*, 6 Tote

ANTONIUS UND KLEOPATRA
ANTONIUS

SELBSTMORD !

KÖNIG LEAR
GONERIL

ROMEO UND JULIA
JULIA

TITUS ANDRONICUS
LAVINIA

JULIUS CÄSAR
BRUTUS, CASSIUS

KÖNIG LEAR
KÖNIG LEAR

SCHOCK, TRAUER ETC.

Töte mich morgen, lass mich heut noch leben!

OTHELLO
OTHELLO

ROMEO UND JULIA
LADY MONTAGUE

OTHELLO
DESDEMONA
wird mit Kissen erstickt

Der Rest ist Schweigen.

KÖNIG JOHANN
KÖNIG JOHANN

JULIUS CÄSAR
PORTIA isst heiße Kohlen

HAMLET
LAERTES, PRINZ HAMLET, CLAUDIUS, KÖNIG HAMLET, GERTRUDE

VERGIFTET

TITUS ANDRONICUS
AARON wird Kopf abwärts lebendig begraben

VERRÜCKT

HAMLET
OPHELIA

Der Trank, der Trank! Ich bin vergiftet.

KÖNIG LEAR
REGAN

MACBETH
LADY MACBETH

* *TITUS ANDRONICUS* war **Shakespeares** Splatter-Drama. KÖNIGIN TAMORA muss z. B. eine Pastete aus dem Fleisch ihrer Söhne essen. Für weitere Details siehe S. 17.

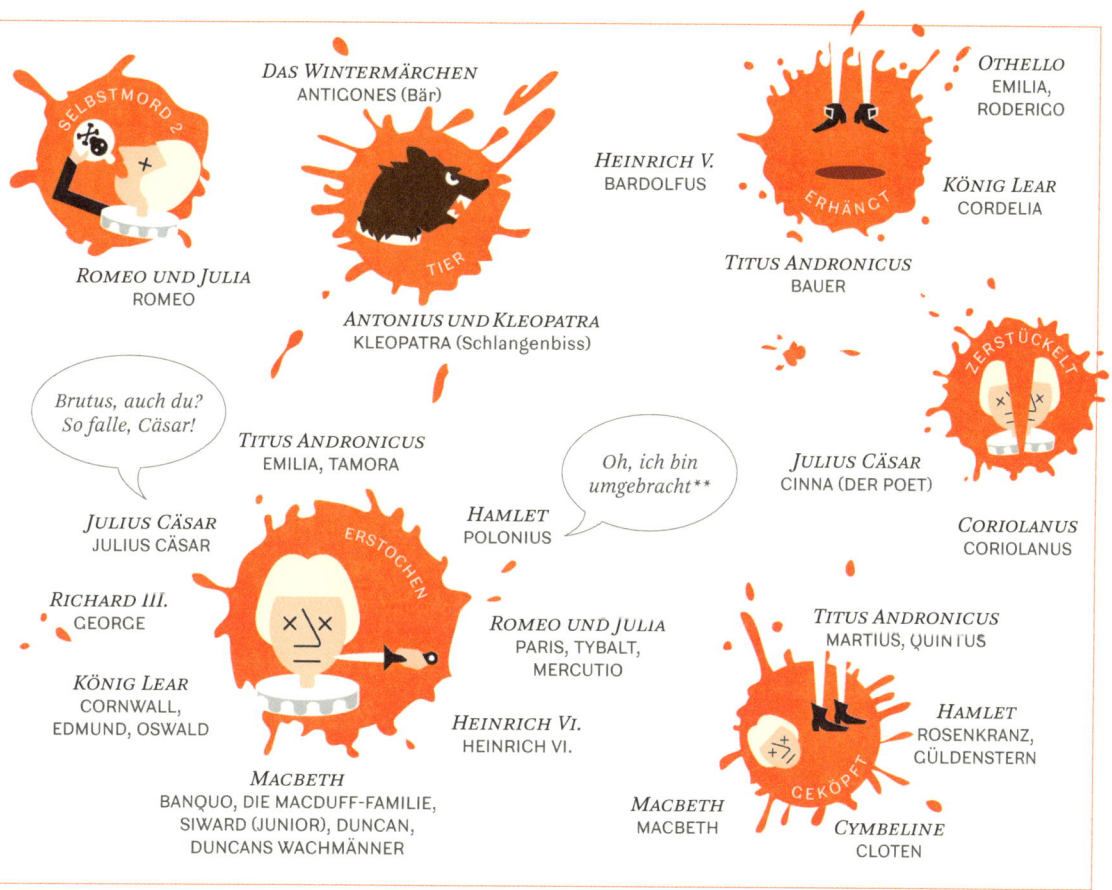

** Nicht alle Zuschauer hatten perfekte Sicht aufs Geschehen, deshalb wurden wichtige Aktionen sicherheitshalber noch mal deutlich ausgesprochen.

🎭 Othello
The Tragedy of Othello, the Moor of Venice

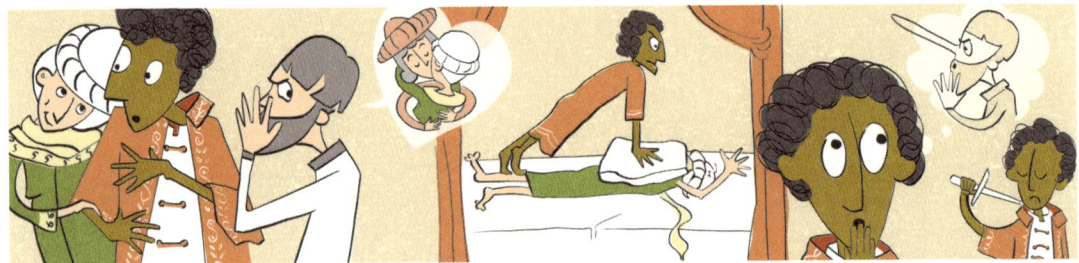

Inhalt

Der »Mohr« OTHELLO ist Star-Feldherr in Venedig und die große Liebe der schönen DESDEMONA. Die beiden heiraten heimlich. Was der ehrliche, nette OTHELLO nicht ahnt: Sein Untergebener JAGO hasst ihn, weil nicht er befördert wurde, sondern CASSIO. Eine Intrige muss her: JAGO sorgt dafür, dass CASSIO bei OTHELLO in Ungnade fällt. Und er überzeugt OTHELLO, dass CASSIO und DESDEMONA eine Affäre haben. Als OTHELLO das bestickte Taschentuch seiner Frau bei CASSIO findet (alles von dem fiesen JAGO eingefädelt!), dreht er durch. Obwohl DESDEMONA ihre Unschuld beteuert, erstickt er sie in ihrem Bett – rasend vor Eifersucht. Am Ende kommt natürlich die Wahrheit ans Licht. Erschüttert erdolcht sich OTHELLO, bricht über der toten DESDEMONA zusammen und stirbt.

Smalltalk-Info

1: Man weiß gar nicht, welche Nationalität Shakespeare seinem Helden zugedacht hat – wahrscheinlich sollte er Nordafrikaner sein (»*Mohr*« könnte »Maure« heißen).
2: Erst 1833 wurde OTHELLO zum ersten Mal von einem Schwarzen gespielt, vorher waren es dunkel geschminkte Schauspieler.

Und heute?

Ist die Hautfarbe des OTHELLO-Darstellers natürlich ein politisches Statement. 1997 etwa spielte Patrick Stewart einen weißen OTHELLO, während alle anderen Darsteller Schwarze waren …

▸ | 25 Sprechrollen | 3 560 Zeilen | 4 Tote |
max. Redeanteil: JAGO, 1 098 Zeilen, 31 % |

Englisch-Spanischer
Krieg endet

1. franz. Besiedelung von
Nordamerika (Acadia)

Erstes einsprachiges englisches
Wörterbuch (*A TABLE ALPHABETICALL*)

Jakob I. verhängt
hohe Tabaksteuer

Shakespeare-Shorts
Werke kurz und knapp

ENDE GUT, ALLES GUT
All's Well That Ends Well

HELENA liebt BERTRAM, er sie aber nicht. Er macht sich auf nach Paris, um den KÖNIG zu treffen, HELENA folgt ihm. Der KÖNIG ist todkrank, HELENA kann ihn kurieren, dafür verlangt sie die Ehe mit BERTRAM. Der KÖNIG befiehlt es, BERTRAM muss heiraten. Aber bevor es zum Vollzug der Ehe kommt, geht der Gatte schnell als Soldat nach Florenz. HELENA hinterher. Als BERTRAM mit DIANA anbandelt, heckt HELENA den beliebten »bed trick« aus: Anstelle von DIANA wartet sie im Schlafgemach auf BERTRAM. Der merkt nix, knick-knack … Showdown in Frankreich: HELENA verkündet BERTRAM, dass sie ein Kind von ihm erwartet. Er bereut und liebt sie dann doch.

TIMON VON ATHEN
The Life of Timon of Athens

Vom Partylöwen zum Menschenfeind – das ist die Tragödie von TIMON. Er ist ein beliebter, wohlhabender Adliger in Athen, alle lieben seine Feste und seine Großzügigkeit. Einzig APEMANTHUS, der etwas schrullige Philosoph, nimmt keine Geschenke von TIMON an, sondern warnt ihn vielmehr vor der Scheinheiligkeit seiner angeblichen Freunde. Und tatsächlich, irgendwann hat TIMON so viel Geld zum Fenster rausgeworfen, dass die Gläubiger Schlange stehen. Und niemand will TIMON helfen. Wutentbrannt lädt er seine »Freunde« zu einer letzten Party. Er serviert warmes Wasser und Steine, bewirft die Gäste mit Tellern und brüllt: *»Timon hasse von nun an den Menschen, und alles was menschlich ist!«*

Dann geht er in den Wald, wettert gegen die Athener, gräbt nach Wurzeln und findet – Gold! Er trifft GENERAL ALCIBIADES, der von den Athenern verbannt wurde. Dieser bietet TIMON die Freundschaft an, TIMON lehnt ab. Freundschaft? Nicht mit ihm. Er ist jetzt und für immer ein Menschenfeind. Stattdessen gibt er ALCIBIADES Gold, damit der Krieg gegen Athen führen kann. Auch BANDITEN gibt er Gold, damit sie weiter stehlen und Athenern die Hälse abschneiden. Währenddessen rückt ALCIBIADES auf Athen vor. Die Senatoren bitten TIMON um Hilfe. Keine Chance: Athen fällt. TIMON stirbt.

Frankreich besiedelt
Französisch-Guayana

Rose-Theater
wird aufgegeben

Gunpowder-Plot
(Pulververschwörung)

1604 / 05
ENDE GUT, ALLES GUT

1605
EASTWARD HOE   *TIMON VON ATHEN*
Ben Jonson

♟ König Lear
The Tragedy of King Lear

Inhalt

KÖNIG LEAR geht in Rente und will sein Reich unter seinen drei Töchtern aufteilen. Diejenige, die ihn am meisten liebt, soll den größten Teil bekommen. Während die (bösen) Töchter GONERIL und REGAN ihren Vater mit falschen Schmeicheleien umgarnen, sagt die (gute) CORDELIA: Bei aller Liebe müsste auch noch etwas für ihren Mann übrig bleiben. Waaas? CORDELIA wird enterbt, und LEAR steht bei GONERIL und REGAN auf der Matte; er will mit 100 Rittern bei ihnen wohnen. Ups. So haben sich die Töchter das nicht vorgestellt. Familienzoff! LEAR haut ab, begleitet von seinem (weisen) NARREN. Im tobenden Sturm (= drohendes Unheil!) wird LEAR wahnsinnig – wegen großer Pein.

Auch der GRAF VON GLOUCESTER hat Stress mit dem Nachwuchs: Nach einer Intrige des unehelichen (fiesen) Sohns EDMUND verstößt er den legitimen (netten) Sohn EDGAR.

Als GLOUCESTER dem KÖNIG helfen will, sticht ihm REGANS Mann die Augen aus. CORDELIA (die den KÖNIG VON FRANKREICH geheiratet hat) kommt mit einer Armee nach England, um für Ordnung zu sorgen. Sie versöhnt sich mit ihrem Vater, verliert aber die Schlacht. Nun geht es Schlag auf Schlag: EDMUND gibt den Befehl, CORDELIA und LEAR zu hängen. GONERIL vergiftet REGAN, um EDMUND für sich zu haben. Als der beim Duell mit seinem Bruder stirbt, bringt GONERIL sich um. LEAR verkraftet den Tod seiner Tochter nicht und stirbt vor Trauer. Am Ende steht EDGAR ganz allein da.

Smalltalk-Info

Das Stück hat die Zuschauer ziemlich schockiert. Mehrere Hundert Jahre lang wurde es nur in geschönten Versionen mit Happy End aufgeführt. Tolstoi war geradezu empört und bezeichnete KÖNIG LEAR als »*schlechtes, nachlässig geschriebenes Werk*«, weil die Personen völlig unangemessen handelten.

Und heute?

KÖNIG LEAR gilt inzwischen unbestritten als absolutes Meisterwerk, aber auch als das **Shakespeare-Stück, das am schwierigsten aufzuführen ist**. Zwar wird es nicht mehr umgeschrieben, aber doch fast immer gekürzt. Daher ist es eines der wenigen Dramen, das beim Lesen mehr Wirkung entfaltet als auf der Bühne.

▶ | **27** Sprechrollen | **3112** Zeilen | **2** ID-Changes | **10** Tote | max. Rede.: KÖNIG LEAR, **758** Zeilen, **24%** |

ADVANCEMENT OF LEARNING
(Francis Bacon)

1605
DON QUIJOTE
Miguel de Cervantes

1605 / 06
KÖNIG LEAR
♟

 Macbeth
The Tragedy of Macbeth

Inhalt

MACBETH hat eine Schlacht für den schottischen KÖNIG DUNCAN gewonnen und ist mit seinem Freund BANQUO auf dem Rückweg, als er drei HEXEN trifft. Sie sprechen ihn als Than von Cawdor an – und als zukünftigen König. MACBETH gibt nichts auf das wirre Gerede, bis er erfährt, dass er tatsächlich zum Than von Cawdor ernannt wurde. Hm. Ob dann auch das mit dem König stimmt? LADY MACBETH ist Feuer und Flamme für die Weissagung, befürchtet aber, dass man ein wenig nachhelfen muss. Gemeinsam bringen die beiden also KÖNIG DUNCAN um. Dessen Söhne fliehen vor Angst, MACBETH wird zum König gekrönt. Sicherheitshalber lässt er auch BANQUO ermorden, weil der von der Hexensache weiß. Als ihm bei einer Feier BANQUOS Geist erscheint, bekommt MACBETH allerdings langsam Panik.

Derweil planen DUNCANS Söhne, Schottland anzugreifen – zusammen mit MACDUFF, einem Vertrauten des seligen DUNCAN. Die HEXEN prophezeien MACBETH, dass ihm niemand schaden werde, der von einer Frau geboren wurde und dass nichts passieren könne, solange nicht der Wald auf ihn zukomme. Aha. MACBETH wähnt sich also in Sicherheit und wird zum mordenden Tyrannen. LADY MACBETH dagegen bereut ihre Sünden, versucht immer wieder, sich das Blut abzuwaschen, verliert den Verstand und bringt sich um.

Währenddessen rücken die Feinde an, mit Zweigen getarnt. Oha. Der Wald bewegt sich doch! MACBETH hält sich wegen der Prophezeiung nach wie vor für unverwundbar, bis MACDUFF ihm erklärt, dass er – Überraschung! – per Kaiserschnitt zur Welt kam. Er tötet MACBETH und ernennt DUNCANS Sohn MALCOLM zum König von Schottland.

Smalltalk-Info

Achtung, Aberglaube! Auf der Bühne darf man den Namen des Dramas nicht sagen! Schauspieler sprechen grundsätzlich vom »Schottischen Stück« *(The Scottish Play)*, weil sie befürchten, dass sonst Unheil droht. Angeblich gab es bei diversen Aufführungen von *MACBETH* einige Unglücksfälle … Zu **Shakespeares** Zeiten war es tatsächlich ein gefährliches Stück, denn es beinhaltet viele Fechtszenen – und damals wurde mit echten Waffen gekämpft!

▸ | **41** Sprechrollen | **2 151** Zeilen | **10** Tote | max. Redeanteil: MACBETH, **709** Zeilen, **33 %** |

Entdeckung Australiens (Willem Janszoon)

Hinrichtung der Gunpowder-Plot-Verschwörer

Ende Langer Türkenkrieg

1606

MACBETH

VOLPONE Ben Jonson

König Jakob I. selbst hat eine Abhandlung über das Wesen von Dämonen geschrieben – vielleicht eine Inspiration für Shakespeare? Jedenfalls war der König bestimmt sehr erfreut über die vielen Zauberwesen in den späten Stücken des Autors.

HEXEN: Zu Shakespeares Zeiten haben die Menschen viel mehr als heute an Übernatürliches geglaubt und sich keineswegs gewundert, dass sich MACBETH sein Schicksal von HEXEN voraussagen lässt. Sie machen außerdem von Anfang an deutlich, dass hier Unheil und Verwirrung drohen:

Fair is foul, and foul is fair
Gut ist böse, und böse ist gut

Auch wenn man heute nicht mehr an Hexen glaubt, allein durch seine Sprache erzeugt **Shakespeare** hervorragende Gruselgefühle. Seine HEXEN sprechen in Trochäen, das heißt, die erste Silbe wird betont, die zweite nicht etc. (siehe auch S. 67). So klingt der HEXEN-Text allein durch den Rhythmus beschwörend wie eine Zauberformel:

Double, double, toile and trouble
Fire burne, and Cauldron bubble.
Doppelt plagt euch, mengt und mischt!
Kessel brodelt, Feuer zischt.

Kein Wunder, dass die HEXEN viele Regisseure auf besondere Weise inspiriert haben. Mal wurden sie als Tänzerinnen dargestellt, mal als Clowns, mal sprachen sie mit schottischem Akzent, mal waren sie Medizinmänner.*

---

* Im berümten *VOODOO-MACBETH* (1936) hat Regisseur **Orson Welles** die Handlung ins Haiti des 19. Jahrhunderts verlegt und alle Rollen mit schwarzen Schauspielern besetzt.

Shakespeare-Shorts
Werke kurz und knapp

ANTONIUS UND KLEOPATRA
The Tragedy of Antony & Cleopatra

ANTONIUS turtelt in Ägypten mit KLEOPATRA herum. Seine Co-Herrscher LEPIDUS und CÄSAR (= Großneffe von JULIUS C.) in Rom sind genervt: Das Imperium ist in Gefahr! Schließlich kehrt ANTONIUS zurück, setzt sich aber kurz darauf wieder nach Ägypten ab. Jetzt reicht es CÄSAR! Es kommt zum Kampf auf See. ANTONIUS wird von KLEOPATRA unterstützt, doch sie flieht. Die Ägypter ergeben sich. Es heißt, KLEOPATRA habe sich umgebracht. ANTONIUS stürzt sich in sein Schwert, erfährt, dass sie noch lebt und lässt sich zu ihr bringen. Kuss, Tod. Um nicht von CÄSAR erniedrigt zu werden, nimmt sich KLEOPATRA Giftschlangen zur Brust. Biss, Tod, Ende.

PERIKLES, PRINZ VON TYRUS
Pericles, Prince of Tyre

In Shakespeares erster (und schwächster) Romanze kann man leicht den Überblick verlieren. Es beginnt mit einem KÖNIG, der Inzest mit seiner Tochter betreibt und alle Freier umbringt. PERIKLES kann rechtzeitig fliehen. Auf dem Weg nach Tyrus beendet er eine Hungersnot, erleidet Schiffbruch, gewinnt ein Ritterturnier, bekommt eine Prinzessin zur Frau. Sie stirbt auf See, klettert aber lebendig aus ihrem Sarg und wird Tempeldienerin. Ihr Kind wächst bei Fremden auf, wird später von Piraten entführt und an ein Bordell verkauft. Am Ende wird trotzdem alles gut – PERIKLES, Frau und Tochter finden wieder zusammen.

CORIOLANUS
The Tragedy of Coriolanus

Wieder einmal ein Stück, das im alten Rom spielt: CORIOLANUS ist ein besonders tapferer General, der allerdings etwas arrogant wirkt und beim Volk nicht so beliebt ist. Günstig für die Tribunen, die nicht wollen, dass CORIOLANUS Konsul wird und es schließlich schaffen, dass er verbannt wird. Bad idea! CORIOLANUS verbündet sich mit den Volskern (= Feinden) und marschiert gegen Rom. Erst seine Mutter kann ihn überzeugen, seine Heimatstadt nicht anzugreifen. Er schließt Frieden, was wiederum den Volskern so missfällt, dass sie ihn umbringen.

God Save the King zum 1. Mal gesungen

Gründung Jamestown (1. dauerhafte engl. Siedlung in Nordamerika)

Premiere *Arianna* (Claudio Monteverdi)

1606
ANTONIUS UND KLEOPATRA

1607
PERIKLES, PRINZ VON TYRUS

1608
CORIOLANUS

DAS WINTERMÄRCHEN
The Winter's Tale

Vor dem Happy End ist einiges auszustehen: LEONTES, König von Sizilien, unterstellt seiner Frau HERMIONE eine Affäre mit seinem Freund POLIXENES, König von Böhmen. POLIXENES droht Vergiftung, er flieht. HERMIONE wird von LEONTES ins Gefängnis geworfen. Dort bringt sie ein Mädchen zur Welt, das LEONTES an der böhmischen Küste aussetzen lässt. (Nein, Böhmen hat keine Küste, aber das tut hier nichts zur Sache.) Allerdings spricht das Orakel von Delphi HERMIONE und POLIXENES frei von Schuld. Da erfahren HERMIONE und LEONTES, dass ihr Sohn gestorben ist – HERMIONE bricht zusammen, offenbar tot. Die Jahre vergehen, die ausgesetzte Tochter PERDITA wächst bei einem Schäfer auf und verliebt sich in FLORIZEL, Sohn des POLIXENES. Nach einigem Hin und Her löst sich alles: LEONTES erkennt PERDITA als seine Tochter an, sie darf FLORIZEL heiraten – und das Beste: HERMIONE ist gar nicht tot!

Das Stück enthält **Shakespeares** berühmteste Regieanweisung: »Exit, pursued by a bear.« ANTIGONUS, der das Baby ausgesetzt hat, wird bei seinem Abgang von einem Bären verfolgt. War es ein echter Bär, damals im *Globe*? Oder ein Mann im Bärenkostüm? Forscher rätseln bis heute.

CYMBELINE
Cymbeline, King of Britain

KÖNIG CYMBELINES schöne Tochter IMOGEN hat heimlich den armen, aber netten POSTHUMUS geheiratet, obwohl sie mit ihrem Stiefbruder CLOTEN verlobt war. CYMBELINE verbannt POSTHUMUS. Es folgt eine Art Actionfilm: Der böse IACHIMO überzeugt POSTHUMUS, dass IMOGEN ihn betrügt, woraufhin er sie ermorden lassen will. Sie erfährt davon und reist zu ihm nach Italien – als Junge verkleidet. CLOTEN wird derweil aus Versehen von IMOGENS Brüdern ermordet. Mit einem Trick bringt IMOGEN IACHIMO dazu, die Ehebruchslüge aufzudecken. Alle vergeben einander, POSTHUMUS und IMOGEN sind wieder vereint.

Selbstporträt des Malers mit seiner Frau (P. Rubens)	Gründung Quebec (FR)	Gründung Santa Fé (ESP)	Galilei-Fernrohr vorgestellt	Ermordung Heinrich IV. v. Frankreich	Entdeckung Saturnringe

1609

DAS WINTERMÄRCHEN

1610
DER ALCHEMIST *CYMBELINE*
Ben Jonson

Da-**dum**-da-**dum**-da-**dum**-da-**dum**-da-**dum**

Das Versschema bei Shakespeare

VERS ODER PROSA?

Fast alle Stücke von **Shakespeare** sind teilweise in Versform und teilweise in Prosa geschrieben. Es gibt kein Werk, das nur Prosa enthält, aber fünf seiner historischen Stücke sind rein in Versform.

Normalerweise lässt **Shakespeare** seine adligen Helden in Versen sprechen, während sich das gemeine Volk in Prosa äußert – Ausnahmen bestätigen die Regel. So dürfen in *WIE ES EUCH GEFÄLLT* die einfachen Schäfer in Versen sprechen, während die adlige ROSALIND vor lauter Freiheitsgefühl auch mal einfach so in Prosa redet. Hallodri-Prinz HAL spricht mal in Versen, mal in Prosa, je nachdem, ob er gerade königlich oder in der Kneipe unterwegs ist.*

Auf den ersten Blick erkennt man die Verse daran, dass der erste Buchstabe jeder Zeile groß geschrieben ist. So steht jede Zeile für sich, während bei Prosa die Sätze über die Zeilenumbrüche hinausgehen. Und: Prosapassagen haben keine Silbenregelung und kein Betonungsmuster.

WO SIND DIE REIME?

Versform bedeutet nicht, dass sich alle letzten Wörter einer Zeile reimen wie bei einem Kindergedicht. Es gibt Reimpaare – und oft markieren sie wichtige Momente (Ende einer Szene, Tod einer Person, Königwerdung und vor allem Schockverliebtheit). Aber über weite Strecken ist es nicht der Reim, der den Verscharakter ausmacht, sondern der Rhythmus.

BLANKVERS

Fast alle Verse bei **Shakespeare** sind jambische Pentameter. Huch! Das klingt nach Germanistik-Seminar, ist aber leicht zu erklären:

Jede Zeile besteht aus zehn Silben, von denen fünf (griechisch: penta) Silben betont werden. Dabei folgt auf eine unbetonte eine betonte Silbe (= Jambus).

*Wilt **thou** be **gone**? It **is** not **yet** near **day**.*
*It **was** the **nigh**tingale, and **not** the **lark** (...)*

ÜBERRASCHUNGEN

Der Rhythmus eines jambischen Pentameters entspricht im Prinzip dem normalen Sprechduktus – nur eben in kunstvoll (so ähnlich wie ein Rap). Damit es nicht zu langweilig wird, hat **Shakespeare** immer mal kleine Überraschungen eingebaut. Etwa einen Trochäus mitten im Jambus.

Das heißt, eine Zeile, in der die erste Silbe betont, die zweite nicht betont wird. Auch wenn man vom Versmaß keine Ahnung hat, lässt das aufhorchen – zum Beispiel, wenn KÖNIG LEAR seine tote Tochter beklagt. Mitten in den jambischen Pentametern (= unbetont/betont/...) gibt es einen Trochäus – und der besteht auch noch aus fünfmal demselben Wort:

Jamben (Sg. Jambus): 2. Silbe betonen

*Why **should** a **Dog**, a **Horse**, a **Rat** have **life**,*
*And **thou** no **breath** at **all**? Thou'lt **come** no **more**,*
*Never, **never**, never, **never**, never.*

Trochäus (Pl. Trochäen): 1. Silbe betonen

Je nach Sprechtempo wirkt der gleichförmige Rhythmus des jambischen Pentameters harmonisch, feierlich oder bedrohlich. Um die Wirkung zu verändern, hat Shakespeare manchmal eine extra Silbe eingebaut:

*To-**mor**row, **and** to-**mor**row, **and** to-**mor**row.*

Hier hat MACBETH eigentlich eine Silbe zu viel, aber dadurch wirkt die Zeile besonders eindringlich.

Das Versmaß diente manchmal sogar als Regieanweisung. Wenn zum Beispiel am Ende einer Zeile drei Silben fehlten, wussten die Schauspieler gleich: Aha, nur sieben Silben, also drei Takte dramatische Pause.

Oder aber **Shakespeare** hat die zehn Silben dialogisch geteilt. Etwa wenn LADY MACBETH den ersten Teil der Zeile spricht: »*Whether they live or die*« (= sechs Silben) und ihr Mann den zweiten Teil: »*Who's there? what, ho?*« (= vier Silben).

---

* Das Werk mit dem größten Prosa-Anteil ist *DIE LUSTIGEN WEIBER VON WINDSOR* (87 %). Kein Wunder: Das Stück spielt auf dem Land und ist bevölkert von einfachen Leuten.

 Der Sturm

The Tempest

Inhalt

Seit zwölf Jahren lebt der Zauberer PROSPERO mit seiner Tochter MIRANDA auf einer paradiesischen Insel. Einst war er Herzog von Mailand, doch sein Bruder ANTONIO sägte ihn ab und setzte ihn + Kind in einem Boot aus. Sie strandeten auf der Insel der (toten) Hexe SYCORAX. PROSPERO befreit den Luftgeist ARIEL von ihrem Fluch und macht ihn zu seinem Diener. CALIBAN, der böse Sohn der Hexe, wird sein Sklave.

Als nun eines Tages der falsche Herzog ANTONIO gemeinsam mit ALONSO (= König von Neapel), SEBASTIAN (= Bruder von ALONSO) und FERDINAND (= Sohn von ALONSO) an der Insel vorbeisegelt, sieht PROSPERO seine Stunde gekommen: Er ordnet einen Sturm an – das Schiff kentert, die Besatzung rettet sich auf die Insel. FERDINAND trifft MIRANDA = Liebe auf den ersten Blick. Nicht so schön: ANTONIO versucht, SEBASTIAN zu überzeugen, ALONSO zu töten (dann könnte SEBASTIAN König von Neapel werden), CALIBAN plant die Ermordung PROSPEROS. Das alles fliegt natürlich rechtzeitig auf (Romanze, keine Tragödie!) – PROSPERO vergibt allen Bösen und entlässt ARIEL in die Freiheit. Er kündigt an, mit MIRANDA & FERDINAND nach Mailand zurückzukehren und entsagt seiner Zauberkraft.

Zitate

Hell is empty and the devils are all here.
Die Hölle ist leer, alle Teufel sind hier.
Sagt FERDINAND, als er aus dem brennenden Schiff springt – so berichtet es zumindest ARIEL.

O brave new world, that has such people in't!
O schöne neue Welt, die solche Einwohner hat!
Sagt MIRANDA, als sie die anderen Schiffbrüchigen sieht. Der erste Teil gelangte im 20. Jahrhundert zu neuer Berühmtheit – als Titel des dystopischen Romans von **Aldous Huxley**.

Smalltalk-Info

DER STURM ist das letzte Stück, das **Shakespeare** allein geschrieben hat. Man vermutet, dass PROSPERO den Autor selbst darstellen soll, der seine Zauberkünste nun an den Nagel hängt.

Und heute?

Auch wenn das Thema *Zauberei auf einer Palmeninsel* heute nicht mehr so ein Knüller ist wie zu **Shakespeares** Zeiten: *DER STURM* gilt immer noch als eines der beliebtesten Stücke.

▶ | **21** Sprechrollen | **2 058** Zeilen | **0** ID-Changes | | max. Redeanteil: PROSPERO, **674** Zeilen, **33%** |

Erstveröffentlichung *KING-JAMES-BIBEL*	*Kreuzaufrichtung* (Paul Rubens)	Matthias (Habsburg) wird König v. Böhmen

Prinz Heinrich stirbt
(Karl I. wird Thronfolger von Jakob I.)   Matthias wird Kaiser
d. Heiligen Römischen Reiches   Zum letzten Mal Ketzer auf
Scheiterhaufen verbrannt

1612
DER WEISSE TEUFEL
John Webster

 Heinrich VIII.

All is True

Inhalt

Es geht um die mittleren Jahre der Herrschaft HEINRICHS VIII., etwa von 1521 bis 1536: Der fiese WOLSEY, Kardinal und Lordkanzler von HEINRICH VIII., intrigiert und bereichert sich, worüber sich der HERZOG VON BUCKINGHAM beklagt, woraufhin er im Tower eingekerkert wird. KÖNIGIN KATHARINA verteidigt BUCKINGHAM, doch noch ist WOLSEY der Günstling des Königs. HEINRICH ordnet an, dass BUCKINGHAM der Prozess gemacht wird – der Herzog wird zum Tod verurteilt.

Auf einer Party bei WOLSEY verliebt sich HEINRICH in die Hofdame seiner Frau: ANNE BULLEN (= andere Schreibweise für *Boleyn*). Kurzerhand beschließt er, sich von KATHARINA scheiden zu lassen – schließlich hat sie ihm in zwanzig Jahren Ehe keinen Thronfolger geboren. Da Scheidung in der katholischen Kirche verboten ist, fragt er erst beim Papst nach einer Sondererlaubnis und heiratet ANNE dann heimlich. Unterdessen stolpert WOLSEY über seine eigenen Intrigen. HEINRICH entlässt ihn als Lordkanzler, wenig später stirbt WOLSEY. ANNE wird Königin von England, KATHARINA stirbt, ANNE bekommt ein Kind. Kein Junge, wie erhofft, aber ein gesundes Mädchen: ELISABETH.

Smalltalk-Info

1: 29. Juni 1613, die King's Men führen ihr neues Stück *HEINRICH VIII.* auf. Im ersten Akt gibt es einen tollen Spezialeffekt: echte Salutschüsse zu Ehren des Bühnenkönigs! Dummerweise landet ein brennendes Stück Papier oder Stoff aus der Theaterkanone auf dem Strohdach. Innerhalb von einer Stunde brennt das *Globe* bis auf die Grundmauern nieder. Immerhin: Niemand kam ums Leben, nur die Hose eines Besuchers fing Feuer, wurde aber mit Bier gelöscht.

2: In England kennt jeder den Reim zu **Heinrichs** Ehefrauen: *»Divorced, beheaded, died. Divorced, beheaded, survived«*. Geschieden (**Katharina v. Aragon**), geköpft (**Anne Boleyn**), gestorben (**Jane Seymor**). Geschieden (**Anna v. Kleve**), geköpft (**Catherine Howard**), überlebt (**Catherine Parr**).

Und heute?

Shakespeares letztes Historiendrama, das er vermutlich gemeinsam mit seinem jungen Kollegen **John Fletcher** schrieb, ist bei den Regisseuren eher unbeliebt. Zu trocken, zu langweilig, keine überzeugenden Charaktere.

▶ | **46** Sprechrollen | **2 821** Zeilen | **1** ID-Change | **2** Tote | max. Rede.: HEINRICH VIII., **461** Zeilen, **16 %** |

| *Globe*-Theater brennt nieder | | *Globe*-Theater wieder aufgebaut | Begriff *Logarithmus* wird geprägt | Engl. Königshof empfängt Pocahontas | Shakespeare stirbt |

1613
HEINRICH VIII.

1613/14
DIE ZWEI EDLEN VETTERN

1614
DIE HERZOGIN VON AMALFI
John Webster

1616

🧡 Die zwei edlen Vettern

The Two Noble Kinsmen

Inhalt

Im Kampf um Theben nimmt THESEUS (= König von Athen) die Cousins PALÄMON und ARCITE gefangen. Als sie EMILIA (= THESEUS' Schwägerin) im Garten vor dem Kerker sehen, verlieben sich beide Männer in sie und werden sofort zu erbitterten Rivalen.

Dann wird ARCITE überraschend frei gelassen, allerdings auch aus Athen verbannt. Damit er in EMILIAS Nähe bleiben kann, verkleidet er sich. Auch PALÄMON kommt frei, weil sich die TOCHTER DES WÄRTERS in ihn verliebt und ihm zur Flucht verhilft. Er ist allerdings weiter hinter EMILIA her, trifft ARCITE, und es gibt sofort Streit. Sie beschließen, öffentlich gegeneinander zu kämpfen. ARCITE gewinnt, stürzt aber kurz darauf vom Pferd und stirbt. Am Ende kann PALÄMON also EMILIA heiraten.

Smalltalk-Info

Meistens muss man Shakespeares Quellen erst recherchieren, hier verrät sie der Autor im Prolog selbst: *DIE ERZÄHLUNG DES RITTERS* aus den *CANTERBURY TALES* von Geoffrey Chaucer.

Und heute?

Auch dieses Stück hat Shakespeare zusammen mit John Fletcher geschrieben. Fletcher war damals schon ein bekannter Dramatiker, nach Shakespeares Tod wurde er »Chef-Schreiber« für die King's Men. Sein Ruhm hat allerdings nicht überdauert – und *DIE ZWEI EDLEN VETTERN* werden heute kaum noch aufgeführt.

▶ | **45** Sprechrollen | **2 814** Zeilen | **2** ID-Changes | | **1** Toter | max. Rede.: PALÄMON, **579** Zeilen, **21 %** |

Ausbruch Dreißig-jähriger Krieg	Hinrichtung Sir W. Raleigh	*Mayflower* erreicht Cape Cod	»Wissen ist Macht« (*NEUES ORGANON*, Francis Bacon)	1. engl. Zeitung	*FIRST FOLIO* erscheint
1618		1620		1622	1623

THE ISLAND PRINCESS
John Fletcher

Shakespeare-Pinnwand
Verrückte Fakten

1564
In **Shakespeares** Geburtsjahr stirbt **Michelangelo**, und der Bleistift wird erfunden.

(Fast) alle Uranusmonde sind nach Charakteren von **Shakespeare** benannt.

23. April
Todestag von **Cervantes** und **Shakespeare** (und evtl. auch sein Geburtstag) und deshalb seit 1995 der Welttag des Buches.

Rollen
Shakespeare selbst hat u. a. den Geist in HAMLET gespielt und auch in Stücken von Ben Jonson mitgewirkt.

White face
Ira Aldridge, der erste schwarze OTHELLO, hat andere Rollen (HAMLET, MACBETH, LEAR) mit weißem Make-Up gespielt!

Porträts
Es gibt nur zwei authentische Porträts von **Shakespeare** – beide wurden allerdings erst nach seinem Tod gemalt.

Der berühmte Schauspieler **Edmund Kean** (1789–1833) ist auf der Bühne gestorben – er spielte OTHELLO, sein Sohn war JAGO.

HARRY POTTERS Freundin HERMINE heißt im Original HERMIONE, nach der Heldin in DAS WINTERMÄRCHEN.

Druckfehler im First Folio
IMOGEN, die Heldin in CYMBELINE, sollte INNOGEN heißen (da klingt »innocent« = unschuldig an).

Schicksal
Abraham Lincoln liebte Shakespeare – sein Attentäter John Wilkes Booth hat u. a. den MARK ANTONIUS in JULIUS CÄSAR gespielt.

Im Englischen wird **Shakespeare** gern einfach nur »The Bard« genannt (= der Barde).

In seiner Zeit als Stückeschreiber hat **Shakespeare** im Durchschnitt 0,64 Dramen pro Jahr verfasst.

Verlorene Stücke
Mindestens 20 Stücke von **Shakespeare** sind wahrscheinlich verloren gegangen.

Star-Trek-Star
Captain Picard hat Shakespeares Gesamtwerk an Bord der USS Enterprise. Und: Für Fans gibt es u. a. HAMLET sogar auf Klingonisch.

Shakespeares jüngerer Bruder **Edmund** wollte auch Schauspieler werden, starb aber mit 27 Jahren.

HAMLET ist das längste Drama, KOMÖDIE DER IRRUNGEN das kürzeste.

Die Leute, die sich im *Globe* nur den Stehplatz (= 1 Penny) leisten konnten, hießen »Groundlings« oder »Penny-Stinkers«.

Shakespeare dürfte seine Zeitgenossen auch in der Körpergröße überragt haben: Er war 1,83 m groß, vielleicht sogar größer.

Blut
Theaterblut gab es damals noch nicht, man hat Tierblut vergossen. Bei einigen Tragödien war die Bühne im 5. Akt sehr rot – und es stank!

Erbe
Shakespeare hat sein zweitbestes Bett seiner Ehefrau **Anne** vermacht – und sein bestes Bett seiner Tochter Susanna (es war das Gästebett).

Good friend for Jesus' sake forbear,
To dig the dust enclosed here:
Blest be the man that spares these stones,
And curst be he that moves my bones.

Gut Freund, in Jesu Nam' halt inn'
und wühl nicht auf den Staub hierin:
Gesegnet sei der, der verschont diese Steine,
und verfluchet der, der bewegt mein' Gebeine.

(Grabinschrift William Shakespeares)

REGISTER